国際協同組合年記念

現代社会と生協

はじめに

公益財団法人　生協総合研究所　専務理事　芳賀唯史《はがただし》

２００９年12月、国連総会は、２０１２年を国際協同組合年と宣言する決議を採択した。２０１１年末から国連や国際協同組合同盟（ＩＣＡ）ではプレイベントが開催され、２０１２年１月には日本でも国連大学でキックオフイベントが行われ、国際協同組合年はいよいよ本番に入った。国連総会決議は、国際協同組合年の目標として、協同組合の認知度の向上（「見える化」）、協同組合の成長の促進、そして適切な政府の協同組合政策の確立を掲げている。いずれも世界の協同組合の前進にとって重要な目標であり、日本でもこのような協同組合の広報活動の拡大、各種協同組合の発展支援が求められている。また、政府の協同組合政策の確立のために、すべての協同組合組織が協議して「協同組合憲章」（草案）を作成し、政府に対する働きかけを始めている。

本書は『生活協同組合研究』に昨年４月から現代社会における生協の役割を明らかにすることを目的として「国際協同組合年シリーズ」として連載された記事を掲載している。すなわち、食品安全、食料・農業問題、消費者問題、環境問題や福祉問題などの現代の諸問題に生協がどのように関わってきたか、文脈の変化のなかで現在どのような課題に直面しているかについて解説している。さらに、共済生協、大学生協の現状と課題、地域社会における生協の役割について明らかにしている。執筆者は全国連合会の担当者や、生協総合研究所（生協総研）の研究員である。本書が生協役職員・組合員のみならず、生協に関心があるすべての関係者に読まれ、生協の「見える化」に向けて貢献することを祈念したい。

さらに、国際協同組合年に際して、生協総研としては震災復興のための生協の組織・事業のあり方に関する研究、協同組合や非営利組織の制度的枠組みについての基礎研究を進める。また、国際的な協同組合研究を前進させるために、各地で開かれる国際研究会議に参加し、国際シンポジウム等を開催することを通じて、世界の協同組合研究者との共同研究、各国協同組合の最新動向について研究を進めていきたい。

〈もくじ〉

はじめに　002
公益財団法人　生協総合研究所　専務理事　芳賀唯史

序論　国際協同組合年が提起すること　006
公益財団法人　生協総合研究所　理事　栗本　昭

1章　食品の安全と生協の取り組み　028
日本生活協同組合連合会　品質保証本部　安全政策推進室長　鬼武一夫

2章　食料農業問題と生活協同組合　064
公益財団法人　生協総合研究所　研究員　林　薫平

3章　消費者問題と生協　084
日本生活協同組合連合会　渉外広報本部　国際部　小林真一郎

4章 環境・資源問題と生協 106
日本生活協同組合連合会　組織推進本部　環境事業推進室長　大沢年一

5章 地域福祉・高齢者福祉と生協の役割 130
日本生活協同組合連合会　組織推進本部　福祉事業推進部長　山際　淳

6章 リスク社会と生協共済 156
公益財団法人　生協総合研究所　研究員　松本　進

7章 大学と生協 186
全国大学生活協同組合連合会　専務理事　福島裕記

8章 地域社会づくりと生協 208
公益財団法人　生協総合研究所　事務局長　金子隆之

序論　国際協同組合年が提起すること

公益財団法人　生協総合研究所　理事　栗本《くりもと》　昭《あきら》

２００９年12月の国連総会において、２０１２年を「国際協同組合年」（International Year of Co-operatives）とする決議が採択され、それに向けての国連やＩＣＡ（国際協同組合同盟）の取り組みが始まった。また、日本においても、昨年8月には国際協同組合年実行委員会が設立され、ウェブサイトも立ち上がった。生協総研でも２０１１年から２０１２年にかけて様々な取り組みを行ってきたが、その一環として「生活協同組合研究」誌においてシリーズとして関連記事を連載した。本論では国連と協同組合の関係、国連決議の背景とめざすものについて解説し、日本の生協として国際協同組合年をどう受け止めるか、日本の生協の社会的経済的インパクトは何かという問題について私見を提起し、最後に本誌のねらいについて紹介することにしたい。

1．国連と協同組合の関係

（1）国連における協同組合の位置づけ

国際連合（国連）は１９３カ国が加盟する代表的な国際政府間組織であるが、最高意思決定機関の国連総会（１国１票）の他に、安全保障理事会と経済社会理事会という重要な機関がある。安全保障理事会は平和と安全保障の問題のみを取り扱うのに対して、経済社会理事会は貿易、輸送、工業化、経済開発などの経済問題と、人口、子ども、住宅、女性の権利、人種差別、麻薬、犯罪、社会福祉、青少年、人間環境、食料などの社会問題を担当し、世界各地の国際ＮＧＯ（非政府組織）と緊密な協力関係を保っている。国連と協力する国際ＮＧＯには、経済社会理事会の活動への関連性によって、全ての分野に関与する「総合カテゴリー」、特定の分野のみ関与する「特殊カテゴリー」、関与が限定的な「ロスター」という３つの協議的地位がある。ＩＣＡは、その中の「総合カテゴリー」という地位を与えられた最初のＮＧＯの１つであった。

国連専門機関は専門分野ごとに国連の活動を推進する機関であるが、協同組合と関係が深い機関としては、ＩＬＯ（国際労働機関）、ＦＡＯ（国連食料農業機関）、ユネスコ（国連教育科学文化機関）、ＷＨＯ（世界保健機関）などがある。とりわけＩＬＯは１９１９年の創立当初から協同組合部門を持ち、初代ＩＬＯ事務総長アルベール・トマ、「協同組合セクター論」を発表したジョルジュ・フォーケなど、協同組合への深い理解を持った有力なリーダーを輩出した。１９６６年に「発展途上国の経済的社会的開発における協同組合の役割」と題する第127号勧告を出したが、2002年には全ての国を対象とする「協同組合の振興」に関する第193号勧告を採択した。

（2）国際年と協同組合運動

国連では、1957年（国際地球観測年）より国際年を設け、共通の重要テーマについて、各国や世界全体が1年間を通じて呼びかけや対策を行うよう取り組んでいる。世界の協同組合がもっとも力を入れたのは、発展途上国の開発への協力に関する問題であった。国連は1960年代を「国連開発の10年」（UN Development Decade）として、新興独立国の開発の促進に大規模に取り組み始め、国連開発計画（UNDP）、国連貿易開発会議（UNCTAD）などの国連専門機関が作られたが、その結果は期待はずれであった。1968年の国連総会は、1970年代を「第2次国連開発の10年」とすることを決定し、改めて各国政府、国連専門機関、民間組織に対して、一層高い目標を掲げて取り組むよう訴えたが、その際社会的経済的開発における協同組合の役割を検討するよう勧告する決議を採択した。一方、ICAは1957年のストックホルム大会以来、協同組合の開発問題を取り上げるようになり、1960年に東南アジア地域事務局（インド・ニューデリー）、1968年に東アフリカ地域事務局（タンザニア・モシ）を設立した。1970年のICA中央委員会は「第2次国連開発の10年」を支持し、70年代を「協同組合開発の10年」（Co-operative Development Decade）として、発展途上国の協同組合の促進のため総合的な行動計画を作ることを決定した。その結果、ＩＣＡ、各国協同組合組織、国連専門機関などによる広範な活動が展開された。そのなかには、セミナーや会議、出版物による情報・経験の交換、各種教育機関による教育訓練、教材・マニュアルの開発、調査研究プロジェクトなどが含まれ、この間に１９７１年には国際協同組合組織と国連専門機関のコーディネーションのためにＣＯＰＡＣ（後述）が設立され、また１９７９年に西アフリカ地域事務局（コートジボワール・アビジャン）が開設された。ＩＣＡは１９８８年のストックホルム大会で「協同組合運動と開発援助：ストックホルムからトックホルムへ」をメインテーマに取り上げ、「協同組合開発の30年」と題する決議を採択し、国連専門機関や各国の開発援助組織が政府開発援助を協同組合組織を通じて行う革新的方法を探究するよう要請した。[*1]

この他協同組合に大きな影響を与えた国際年は、国際婦人年（１９７５年）であった。それ以降ＩＣＡ女性委員会は、男女共同参画に積極的に取り組むようになり、この年の国際婦人年世界会議（メキシコ・シティ）や１９９５年の第４回世界女性会議（北京）など国連の定期的な振り返り会議にも参加するようになった。また、国際児童年（１９７９年）にはＩＣＡ女性委員会が子どもに清潔な飲料水を提供し、その水汲みの負担を軽減するために「バケツ一杯の水を送ろう」というキャンペーンを提唱し、日本の協同組合は全世界の募金の3分の2を集めるという成果をあげ、これが生協のユニセフ募金活動のきっかけとなった。国際平和年（1986年）は世界中の反核平和運動の高まりを受けて設けられたが、日本の生協は国内における反核の世論を喚起し、3次にわたる国連軍縮特別総会に組合員代表を送るという形で貢献した。

（3）国連との新たなパートナーシップ

経済社会問題がますますグローバルなものとなり、NGOの能力と経験の活用が重要になるにつれて、国連総会への参加を含まない経済社会理事会のNGO協議制度の限界が明らかになった。この問題を解決するために世界会議方式が導入され、女性、人権、環境、食料など各国の市民に密接に関連した問題についてNGOが参加する世界会議が国連の重要な協議の場となった。

1990年代に入ると国連が様々のテーマで開催する世界会議に、ICAも有力な国際NGOとして参加するようになった。すなわち、1992年のリオデジャネイロでの国連環境開発会議（地球サミット）、1995年のコペンハーゲンでの世界社会開発サミット、1995年の北京での第4回世界女性会議、1997年のローマでの世界食料サミットなどが開催された際にICAは積極的に参加した。地球サミットでは、ICAはオブザーバーとして参加するとともに、同時に開かれたNGOフォーラムで特設ブースを設けて展示を行い、「協同組合と環境」に関するセミナーを開催し、日本生協連、スウェーデン生協連、ブラジル農協などが報告を行った。2002年にヨハネスブルクで開かれた10年後のフォローアップ会議にも日本生協連は代表を送った。社会開発サミットでは生産的雇用の創出、貧困の根絶、社会的統合の促進、医療・保健の向上における協同組合の役割が評価された。女性会議や食料サミットの諸会議にはICA女性委員会やICA農業委員会の代表が参加し、それぞれ5年後のフォローアップのための特別総会でも発言を行った。2000年の国連ミレニアム総会・サミット（ニューヨーク）では、2015年に向けて世界の貧困を半減させるという壮大なミレニアム開発目標（MDG）が宣言されたが、ICAは貧困削減、男女共同参画、保健サービスの提供やエイズとの闘い、持続可能な環境などの目標に向けての協同組合の貢献について発言し、またブックレットの作成を支援した。[*2]

このような国連とのパートナーシップを推進したのが連絡調整役（リエゾン）としてのCOPAC（協同組合振興促進委員会）であった。これは1971年に協同組合開発活動の推進と調整を目的として設立されたICAと国連機関との合議体で、現在はICA、国連、FAO、ILOの4団体で構成されており、事務局はジュネーブに置かれている。

（4）「協同組合に関するガイドライン」

国連は2001年に「協同組合に関するガイドライン」を採択したが、これは2002年のILOの新勧告と並んで各国政府の協同組合政策のための指針を提供している。その背景として、発展途上国においては高利貸しによる収奪から農民を守るために植民地政府がトップダウンで協同組合方式を導入し、独立後の新興国政府も協同組合を経済開発のエンジンと位置づけて協同組合の保護と規制をすすめてきた結果、また旧社会主義国においても事業計画・人事・財政面で国家主導の協同組合作りをすすめてきた。その結果、自立した協同組合としての発展が抑制され、協同組合は組合員から乖離《かいり》して国家の下請け組織化がすすんだが、80年代以降、グローバル化の流れのなかで、発展途上国も中央計画経済諸国も民営化、市場経済の導入をすすめ、従来からの国家からの協同組合に対する保護と干渉を廃止することが求められるようになった。協同組合の自立的発展と政府との対等のパートナーシップを推進するために、1995年ICAマンチェスター大会で採択された新協同組合原則には第4原則として「自治と自立」が盛り込まれ、またICAアジア太平洋地域では90年以降協同組合閣僚会議が開かれるようになった。このような文脈のなかで、協同組合の新協同組合原則に対応する政府の指針として、国連ガイドラインが作成されることになった。[*3]

2. 国連・国際協同組合年決議の背景とめざすもの

（1）国連・国際協同組合年決議に至る経過

ＩＣＡは、１９８８年のストックホルム大会で、創立１００周年となる１９９５年を国際協同組合年とすることをめざす決議を採択したが、これは実現せず、結局１９９５年にＩＣＡの国際協同組合デーに合わせて国連・国際協同組合デーとして結実することになった。

国際協同組合年に関する動きが始まったのは２００７年のモンゴル政府による働きかけを契機にしていた。モンゴル政府の国連代表部は、ＣＯＰＡＣに働きかけると同時に、２００７年の国連総会で国連事務総長に対して国際協同組合年の望ましさと実現可能性を評価するよう提案した。年末の国連総会は、このような評価を行う決議を採択した。２００８年に国連は協議プロセスを開始し、各国政府及び協同組合組織にアンケートを配布した。各国政府・協同組合からの回答は圧倒的な支持を表明した（日本からは日本生協連をはじめ４組織が回答した）。他方、国連では２００９年４月に「危機の世界における協同組合」をテーマとする国連専門家グループ会議が開催され、その報告書を国連事務総長に提出した。７月の国連事務総長報告はこれらの結果を盛り込み、国際協同組合年の宣言を提案した。12月の国連総会では２０１２年を国際協同組合年と宣言する「社会開発における協同組合」と題する決議が満場一致の賛成によって採択された。この過程で当時のＩＣＡバルベリーニ会長は大きな役割を果たしたと言われているが、ＩＣＡやＣＯＰＡＣの努力、協同組合にシンパシーを示した提案国や各国の協同組合組織の支持の結果、このような決議が採択されたといえる。

（２）国連・国際協同組合年決議の背景

それではこの国連決議の背景は何か。決議は協同組合が「様々な形態において女性、若者、高齢者、障がい者及び先住民族を含むあらゆる人々の経済社会開発への最大限の参加を促していること、経済社会開発の主たる要素となりつつあり、貧困の根絶に寄与するものであること」を認識し、「持続可能な開発、貧困の根絶、都市と農村地域における様々な経済部門の生計に貢献することのできる事業体・社会的企業としての協同組合の成長を促進し、新興地域における協同組合の創設を支援するために更なる行動を取るよう求める国連事務総長の報告書の勧告に対する加盟国の注意を喚起」している。このように決議は社会開発における協同組合の役割についての評価を行い、とりわけ、国連ミレニアム開発目標に対する協同組合の取り組みへの強い期待を表明している。

さらに、２００７年の世界的な食料危機や２００８年以降の金融・経済危機に際して、協同組合が耐久力、回復力を示したことについての積極的な評価がある。このような評価は先述した国連専門家グループ会議の報告書や２００９年の『危機の時代における協同組合ビジネスモデルの耐久力』と題するＩＬＯ報告でも表明されている。[*4] すなわち、協同組合が地域の経済社会に根ざしており、バブルとその崩壊の影響を最小限に抑えてきたことから、経済システムに安定性をもたらしうることを指摘している。国連決議はとりわけ農業協同組合と金融協同組合の成長を促進するように求めているが、危機から組合員のくらしを守る役割に対する評価は他の種類の協同組合にも援用されるべきである。

より大きな文脈で言えば、国家から市場へ、さらに市民社会へという大きな流れの中でこの決議が位置づけられるということである。80年代における福祉国家の危機や国権的社会主義の崩壊、その後の市場万能主義の席巻と世界金融・経済危機によるその破綻という大きな流れの中で、21世紀においては国家や市場のみではなく、市民社会を確立すること、市民的公共性の有力な担い手として協同組合や非営利組織が大きな役割を果たすことが求められている。国際協同組合年は政府でも営利企業でもない独特の組織・企業モデルとしての協同組合が経済社会の安定と持続的発展に貢献することを求めているのである。

（3）国連・国際協同組合年決議のめざすもの

国連決議は協同組合年の目標として以下の３つを掲げている。

第１の目標は協同組合の認知度の向上である。すなわち、協同組合が組合員に利益をもたらし、社会的経済的発展とミレニアム開発目標の達成に貢献することについて、また協同組合のグローバルなネットワークとコミュニティづくり、民主主義と平和のための活動についての人々の認知度を高めることである。

第2の目標は協同組合の成長の促進である。すなわち、共通の経済的ニーズに対応し社会的経済的エンパワーメントをすすめるために、個人や組織の間で協同組合の設立と成長を促進することである。

第3の目標は適切な協同組合政策の確立である。すなわち、各国政府と規制機関が協同組合の設立と成長に資する政策、法律や規制を確立するよう奨励することである。

(4) 国連・ICAにおける取り組み

国連とICAは国際協同組合年に向けてのウェブサイトを立ち上げているが、中身は徐々に充実してきている。[*5] 国連は一昨年11月の企画会議で国際協同組合年のスローガンを〝Co-operative enterprises builds a better world〟(「協同組合がよりよい社会を築きます」) とすることを決定した。[*6] 一方、ICAは、加盟組織に国内レベルで国際協同組合年のための国内委員会を設置するなどの取り組みを準備するよう求めるとともに、広報資材の提供や関連イベントの開催を進めている。国連は昨年10月にニューヨークの国連本部で、ICAは11月にカンクン (メキシコ) におけるグローバル総会で国際協同組合年の公式キックオフイベントを開催した。

（5）日本における取り組み

政府サイドでは、連絡窓口が外務省総合外交政策局に設定されたが、恒常的な政府窓口を設置させることは国際協同組合年の重要な課題である。日本では協同組合は農林水産省や厚生労働省、経済産業省などの産業政策別の官庁によって規制されており、分野別政策を超える統一的な協同組合政策を策定する官庁が存在しないことから、国連等からの要請に応えることができない。このような状況は、国内的にも協同組合セクターとしてのアイデンティティの形成を阻む要因となっている。この問題は国際協同組合年において是非とも解決すべきと考える。

協同組合サイドでは、日本協同組合連絡協議会（ＪＪＣ）を中心に未加盟の協同組合全国組織を含めて「２０１２国際協同組合年全国実行委員会」が設立され、一昨年８月に第１回会合が開催された。実行委員会はウェブサイトを立ち上げ、政府の協同組合政策の指針としての「協同組合憲章」（草案）を策定し、政府に対する申し入れを行った。[*7] また、２０１１年と２０１２年の国際協同組合デーに関する特別イベントを実施し、２０１２年11月にはＩＣＡアジア太平洋地域総会を招聘《しょうへい》している。

日本生協連は実行委員会の中心的メンバーとして日本の生協の取り組みを推進してい

る。具体的には、①全国実行委員会の一員としてリーダーシップを発揮するとともに、②県連・会員生協への情報提供や支援、③日本生協連独自の取り組みを進めている。各県においては協同組合間提携協議会を中心に県レベルの実行委員会の設立が進められている。

3．日本の生協として国際協同組合年をどう受け止めるか

（1）協同組合の価値と原則に基づく運営を強化する

このように国連決議は社会開発と発展途上国に重点を置き、農協や金融協同組合の役割を強調しているが、日本の生協として国際協同組合年をどう受け止めるのか。まず、第1に協同組合の価値と原則に基づいて生協の運営を強化することである。組合員の共通のニーズと願いを満たすための組織としての協同組合の価値と原則という視点から生協の事業と活動を点検し、生協の強みを生かすことが重要である。生協の強みは出資、利用、運営に参加する組合員にある。組合員の声を聴いて応える活動を強めるとともに、多様な形での組合員の参加を強めること、そのためにも組合員や役職員の教育活動を強めることが求められている。また、生協はこれまで日本における食品の安心に多大な貢献をしてきたといえるが、複雑化した現代社会における生協の存在意義を改めて再確認し、人々のつながり、助けあいを促進する組織としての役割を発揮することが求められている（生協の２０

２０年ビジョン）。

（２）生協の社会的役割、公益性を発揮する

協同組合は基本的には組合員の助け合い（共助・共益）の組織であるが、近年はより大きな社会的役割、公益性を発揮することが求められている。第７の協同組合原則「コミュニティへの関与」は協同組合が組合員によって承認された政策を通じてコミュニティの持続可能な発展のために活動することを推奨しているが、生協は産直・地産地消、地域福祉、地域の環境保護や防災、消費者教育などの事業や活動を通じて幅広い社会的役割を果たしてきた。また、医療・福祉事業は文字通り公益的な事業として員外利用の許可を受けてきた。これらの事業や活動は共益性を基本としながら公益性に大きく踏み出しているが、生協は事業としての採算と社会的目的の達成のバランスをとることにより持続可能な取り組みを強めることが求められている。

さらに、近年生協は多重債務者に対する相談・貸付事業や買い物弱者に対する物資供給事業、生協本体や関連企業による障がい者雇用などを通じて、社会的排除に対する取り組みを展開し始めている。これらの取り組みの多くは端緒的なものであるが、今後行政やＮＰＯとの提携を含め、公益性を発揮することが期待されている。

（3）生協の事業と活動についての「見える化」をすすめる

このように生協は協同組合の価値と原則に基づく活動と事業を展開し、社会的役割や公益性を発揮してきたが、残念ながらメディア、政府、大学における社会的認知度は必ずしも高くはないのが実情である。メディアにおける生協の取り上げ方は農協に対するそれと比べると比較的好意的と言えるが、政府における位置づけは大きく異なっており、公共政策において生協が位置づけられる機会は少ない。大学でも生協に関する講座はほとんど存在しないが、学校教育において生協が取り上げられる機会も極めて限られている。それは小売商の反生協運動や生協法の員外利用規制（広告規制を含む）によって生協事業が内部に封じ込められてきたことが主要な要因であるが、生協が組合員中心の運営をすすめてきた半面、対外的な広報活動やコミュニティとの協働が十分に展開されてこなかったことにも起因している。国際協同組合年に際して生協の事業と活動についての「見える化」をすすめることはきわめて重要である。

4．日本の生協の社会的経済的インパクト

（1）日本の生協の規模

日本の生協はユーロコープ加盟の15カ国の生協の組合員数の88％、事業高の38％を占め

る世界有数の組織に成長したが、ここでは日本の社会経済へのインパクトについて簡単にふれておきたい。国民経済計算体系における非営利組織の規模は国内総生産（ＧＤＰ）における付加価値の比率や総雇用者数における比率によって表現されているが、生協については網羅的な統計が存在しないため、代替的な指標として組合員数の総世帯数に占める比率を用いると、生協の組合員数２５７６万人は総世帯数の過半数（宮城県は約70％）を占め、労働組合や農協の９００万人台を大きく凌駕している。また、小売市場占有率という指標でみると、生協は２・８％（食品は５％）にとどまり、欧州諸国に比べても小さいというギャップが存在する。社会経済における生協のインパクトは規模に比例するわけではなく、小規模でも大きなインパクトを与えることはありうるが、以下では定性的に見た日本の生協の社会的経済的インパクトについて解説する。

（２）生協の社会的インパクト

日本最大のＮＧＯであり、消費者組織であることから、生協は消費者運動としてのアドボカシーにおいて大きな役割を果たしてきた。１９５０年代から生協は不良有害商品追放、管理価格打破の運動に取り組み、全国および各県の消団連の設立と運営をリードしてきた。１９９０年代からは一連の消費者立法（製造物責任法、消費者契約法、食品衛生法改正と食品安全基本法、消費者基本法、公益通報者保護法等）に貢献し、全国および各県における適格消費者団体の設立や消費者ネットワークづくりにおいても中心的な役割を果たしている。

環境問題についてもアドボカシーの役割を果たし、組合員による環境家計簿、酸性雨チェック、森づくりや自然保護、田んぼの生き物調べ、容器包装のリユース・リサイクルなど創意工夫をこらした運動をすすめてきた。とりわけ、スーパーバッグの使用を削減するためのマイバッグ運動は消費者教育と結び付けて提起され、周囲の小売業者に影響を与えるとともに、２００６年の容器包装リサイクル法における制度化につながった。

この他、平和と国際協力の分野においても反核平和運動、ユニセフ募金活動等を通じて世論喚起を行ってきたことは日本の生協のユニークな側面である。また、くらしの助け合いの会や地域の福祉マップを通じた福祉のまちづくりの活動、医療生協の健康なまちづくりの活動、子育て支援や食育の取り組みは、共益とともに公益を追求する運動として広がっている。さらに、生協は阪神淡路大震災以降、各地の自然災害における被災者支援活動に取り組み、地方自治体と「災害時の応急支援物資供給協定」を締結し、１９９８年の被災地生活再建支援法の立法運動を成功させたが、このような経験の蓄積は今回の東日本大震災でも活かされ、生協の被災者救援・復興支援の取り組みは社会的なインパクトを与えている。

このような活動を通じて生協は地域社会におけるきずな、ソーシャルキャピタルの醸成に貢献してきたと言える。組合員は生協の様々の活動を通じて自立した消費者として成長し（民主主義の学校）、さらに生協からスピンオフして様々の市民組織のリーダーとなることによってサードセクターの形成に貢献している。このような生協の社会的側面のメディアへの露出は地域レベルでは増加傾向にあるが、全国レベルでは相対的に少ない。また、生協は消費者、食品安全、福祉、環境、防災等の問題で地方政府との関係づくりをすすめているが、中央政府での生協の存在感は小さい。この点で、行政との建設的な関係を構築し、生協に関する公式統計、データの整備をすすめる必要性が高まっている。

（3）生協の経済的インパクト

生協は食品小売市場におけるシェアは小さいが、食品の安全におけるリーダーシップを発揮し、業界全体のレベルアップと制度改革に貢献してきた。それは消費者運動と結びついた代替的商品の開発（コープ商品、エコ商品、ユニバーサルデザイン等）、食品流通における代替的モデルの開発（共同購入、個配、産直、地産地消等）、食品安全のための基盤整備（商品検査センター、品質保証基準、トレサビリティの確立等）によって消費者の信頼を獲得し、日本の食品製造業・小売業に影響を与えてきた。生協は２０００年代に食品偽装や冷凍餃子事件に巻き込まれ、安全・安心のブランドは大きく傷ついたが、正直な情報開示と品質保証体系の再構築によって消費者の信頼を回復してきた。東日本大震災と原発事故は生協に新たな挑戦を突き付けているが、被災地や買物難民への生活必需品の供給、被災地産品の販売支援、食品の残留放射能検査と組合員学習会などを通じてこれに応えようとしている。また、生協は食品添加物・残留農薬の規制や食品衛生法の改正などの制度改革に貢献してきたといえる。このような生協の事業による外部経済効果は存在すると考えられるが、計量化されていない。

この他、生協共済は民間保険会社の市場支配に挑戦して簡素で低価格の共済商品を開発して消費者の支持を獲得し、また、自然災害に際しての給付金や見舞金の支払いで大きな役割を果たしてきた。生協の介護保険事業や自前の福祉事業、医療生協の保健・医療・介護事業は社会サービスの供給において重要な役割を果たしている。さらに、無料・低額診療事業、多重債務者支援のための相談・貸付事業や障害者作業所の製品の販売事業など、社会的排除に対する取り組みも行われている。このような取り組みは地域レベルでは一定のインパクトを与えている。

5. 本書のねらい

本書は日本の生協の果たしてきた役割を理解し、生協関係者のみならず外部の人々にとっても生協の「見える化」をすすめるために、現代社会の諸問題に対して生協がどのように取り組んできたか、現在どのような問題に取り組んでおり、今後どのような課題をかかえているかを、問題別に明らかにすることを目的としている。その場合、社会経済の文脈（コンテクスト）が変われば、生協の取り組みの課題も変わることはいうまでもない。たとえば、一言で環境問題といっても１９６０年代の地域の公害問題と１９９０年代以降の地球規模の環境問題は態様が大きく変化し、取り組みの主体、対象、方法が異なってくる。前者の場合、住民運動による加害企業に対する公害裁判や生協による合成洗剤追放の取り組みが展開されたが、後者に対しては行政や企業だけでなく市民社会が主体となり、地球温暖化防止、生物多様性の維持、資源や廃棄物のリサイクル、再生可能エネルギーと省エネの推進など、持続可能な生産と消費のための多様な取り組みが要請されている。このような文脈の変化の中で生協がどのようにその時代時代の課題に取り組んできたか、現代社会の問題に対する生協の課題は何かという点について解明することが本書の狙いである。

このような観点から、本書は食品安全問題、食料・農業問題、消費者問題、環境問題、福祉問題に対して生協がどのように取り組んできたかについて解説している。また、リスク問題と生協共済、大学の問題と大学生協の取り組みについて、さらに地域社会と生協について明らかにしている。

【注】

＊１　『第29回国際協同組合同盟大会報告書』日本協同組合連絡協議会（１９８８年）ほか

＊２　Johnston Birchal, Cooperatives and the Millennium Development Goals, Joint ILO and COPAC publication, 2004

＊３　『協同組合に関する国連事務総長報告と国連ガイドライン』（生協総研レポート№.26、２０００年）、『ＩＬＯ・国連の協同組合政策と日本』日本協同組合学会編訳（日本経済評論社、２００３年）

＊４　http://www.copac.coop/publications/2009-ilo-coop-resilience.pdf
http://www.ilo.org/empent/Whatwedo/Publications/lang--en/docName--WCMS_108416/index.htm

＊５　国連の協同組合年サイト：http://social.un.org/coopsyear/
ＩＣＡの協同組合年サイト：http://www.ica.coop/activities/iyc/index.html

＊６　国連の公用語（英、仏、西、露、中、アラビア）ではいずれも「協同組合企業」という文言（中国語では「合作企業」）が使われているが、日本では「企業」という表現に違和感を持つ人もいるため、「協同組合」としている。

＊７　http://www.iyc2012japan.coop/

【参考文献】

「国連と協同組合の関わり」、「国連の協同組合に関するガイドライン」栗本昭（『ＩＬＯ・国連の協同組合政策と日本』日本経済評論社、２００３年）
『生活協同組合研究』生協総合研究所（２０１１年６月号）
「世界の協同組合」栗本昭（『協同組合の役割と未来』家の光協会、２０１１年）
『協同組合憲章（草案）がめざすもの』国際協同組合年実行委員会（家の光協会、２０１１年）
「協同組合の新たな展開：連帯経済の担い手として」労福協・連合総研（２０１１年）

1章　食品の安全と生協の取り組み

日本生活協同組合連合会　品質保証本部　安全政策推進室長　鬼武《おにたけ》一夫《かずお》

はじめに

「食品の安全と生協の取り組み」というテーマについて振り返り、今後の課題に対して述べることはかなりのボリュームになることが予想される。したがって、1．日本生協連の調査・研究の取り組み、2．食品安全行政への貢献、3．今後の食品の安全性と品質にかかわる課題の3節で取りまとめることとする。なおここでは、2008年以降に実施しているコープ商品の品質保証体系の再構築、およびコープ商品の安全・品質向上計画は割愛する。

1．食品の安全に関する生協の調査・研究の取り組み（図表1）

（1）総量規制とZリスト運動～Zリスト委員会の設置（1980年代）

1970年代における食品公害の多発や合成化学物質に対する消費者の不安、食品衛生法が制定されて以来、安全性上の問題で多数の食品添加物の指定が削除された。また、環

図表1　食品の安全に関わる専門家委員会・研究会の変遷

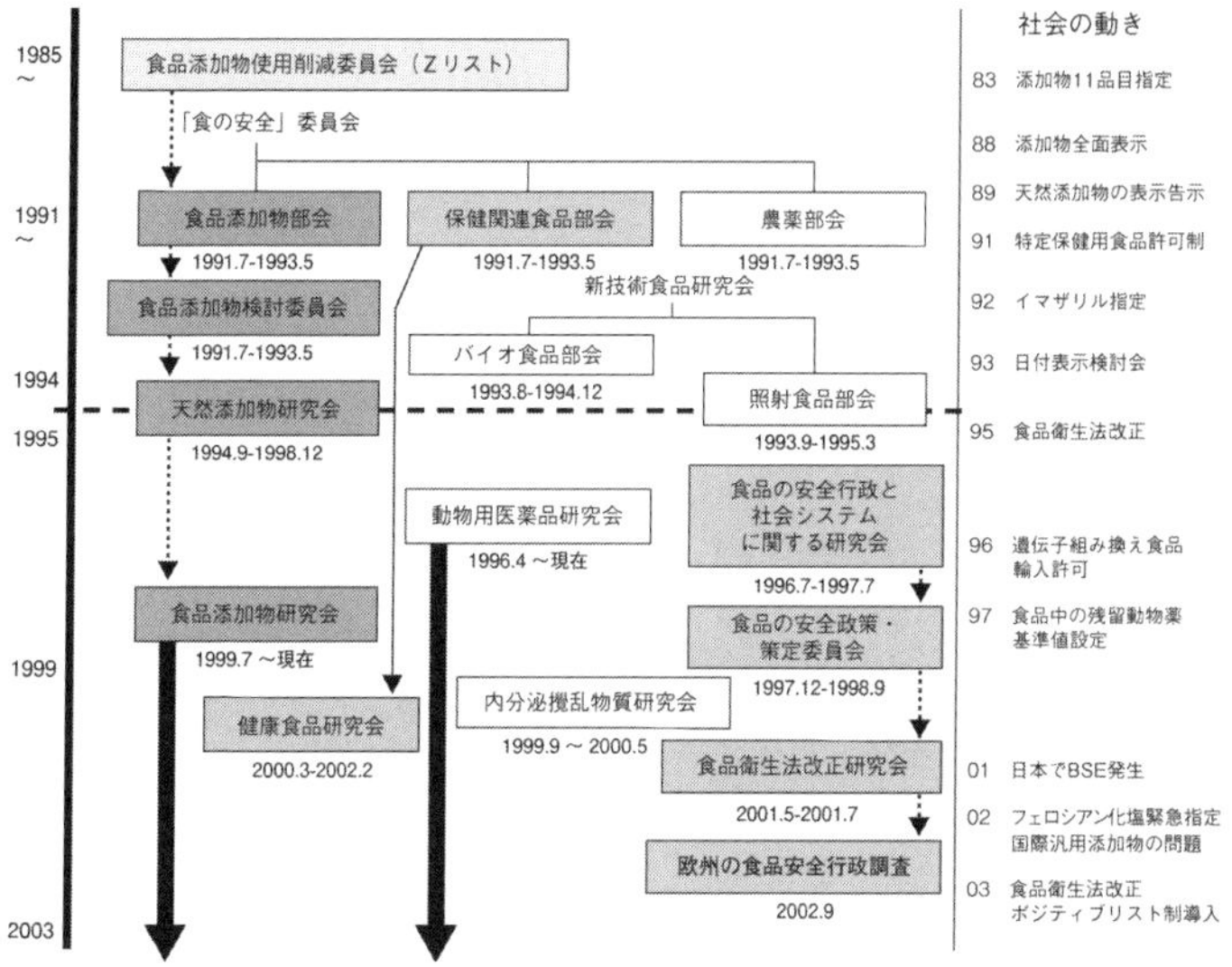

境汚染を通じた食品汚染の拡がり、有吉佐和子氏の「複合汚染」と化学物質の相乗毒性への不安、厚生省を中心とした食品安全行政の不透明さ等などから、消費者の不安が増大した。このような背景をもとに、合成添加物に対する消費者の不安を少しでも解消する目的で、1978年、生協では不必要な食品添加物を減らしていく運動をめざし、食品添加物の「総量規制」を打ち出した。不必要な食品添加物を排除したコープ商品を開発し、組合員の食品添加物使用量チェック活動とあわせ、食品添加物の摂取を削減する活動を進めた。

1984年、日本生協連は「食生活の安全に関する学者・専門家懇談会」で、『食品関連合成化学物質の総量規制のあり方』を検討し、食品添加物のみならず、食品に関連した合成化学物質の総量規制の対象に、農薬、飼料添加物、抗生物質、プラスチック添加剤、水道関連化学物質なども含める必要性を提起した。

1985年、日本生協連は、国が許可している合成添加物（指定添加物）についても個別の検証が必要であると認識し、専務理事の諮問機関として、学者・専門家による「食品添加物使用削減委員会（Zリスト委員会）」を設置した。同委員会は、当時安全性に懸念のあった添加物42品目（Zリスト対象品目）をリストアップし、安全性・必要性・有用性を総合的に判断し、食品添加物としての適否を評価した。

（2）「食の安全」委員会　添加物・農薬部会等の設置と新技術食品の研究（1990年代前半）

1991年、食品添加物以外の食の問題についての検討が強く求められ、「食品添加物使用削減委員会」を「食の安全」委員会幹事会および3部会（食品添加物部会、農薬部会、保健関連食品部会）に改組した。

食品添加物部会では、Zリスト対象品目の評価に加え、当時食品への使用が急増した天然添加物の安全性評価にも着手した。すなわち、天然添加物の安全性評価に関する考え方を総論としてまとめるとともに、一品目ごとの安全性評価を実施した。また、コープ商品における食品添加物の使用実態調査、行政の食品添加物の新規指定に関する生協としての見解作りなどを行った。

農薬部会は、国内の使用農薬のうち安全性で問題が大きいと考えられていた約50品目の安全性評価を実施した。この他、農薬の有用性や毒性、農薬使用削減の方策、残留農薬の検査体制、農薬使用の表示等について検討した。

保健関連食品部会は、オリゴ糖、食物繊維、エイコサペンタエン酸、不飽和脂肪酸類等の使用実態調査、特定保健用食品の必要性と生協としての見解つくり等を検討した。

また、１９９３年には「新技術食品研究会」を設置し、照射食品およびバイオ食品（遺伝子組み換え食品）の調査・研究を行った。

（3）１９９５年の食品衛生法改正と動物用医薬品研究会の設置（１９９５～１９９７年）

食品の国際化が進む中、国際協調を図るＷＴＯ協定の批准を背景として、１９９５年食品衛生法の改正が行われることとなった。改正のポイントは、①天然添加物への指定制導入、②農薬の残留基準値の設定推進、③動物用医薬品の残留基準値の設定、④情報公開と消費者の意見反映システムの構築、⑤輸入食品の監視体制の強化、などであった。

日本生協連は、これに先立つ１９９４年、「天然添加物研究会」を組織し、天然添加物の安全性評価に取り組んでいた。この成果を生かし、１９９５年食衛法改正時には、既存添加物の安全性評価に関する考え方をまとめて公表するとともに、行政に対しては、名簿に収載された基原物質や製法などの記載の誤りを指摘した。あわせて、既存添加物名簿に収載された添加物の安全性評価や規格基準の設定、分析法の確立などを厚生省に要求し、将来的には「既存添加物名簿」の廃止と添加物すべてに指定制を適用することを求めた。

動物用医薬品については、１９９５年に抗生物質６品目（オキシテトラサイクリン、イベルメクチン、フルベンダゾール、クロサンテール、ゼラノール、トレンボロンアセテート）に残留基準値が設定されたのを皮切りに、基準値設定が進むこととなった。この動きに合わせて日本生協連では、１９９６年に「動物用医薬品研究会」を発足させた。同研究会では、厚生省諮問の動物用医薬品について独自の安全性評価を行い、この成果を生かして、食品衛生調査会、厚生省並びに農水省に対して意見・提言・要望を提出した。

当時、消費者団体等からは、「抗生物質に残留基準値を設定することは食品への抗生物質の残留を認めることになる」との懸念が表明された。しかし日本生協連は、「適正なる食品中の検出法を規定した上で残留基準値を設定することは、抗生物質等の規制強化になり得る場合もあり、動物用医薬品の残留基準値設定自体を否定すべきではない」という見解を表明した。

(4) リスクアナリシスに基づく社会的システムを求めて〜食品の安全政策・策定委員会(1998〜2003年)

1995年の食品衛生法改正によって、日本の食品安全行政は一歩前進したが、組合員・消費者の不安解消には対応が不十分な課題も存在した。消費者の立場に立った食品安全行政のあり方を総合的に検討し、行政に提言することが生協の重要な役割であることを考え、1997年に日本生協連は「食の安全行政と社会システムに関する研究会」を設置した。

当時は、腸管出血性大腸菌O157、遺伝子組換え食品、外因性内分泌撹乱物質(環境ホルモン)等、食品の安全に関わる新たな問題が次々と登場するとともに、食品のグローバル化が加速した時期でもあった。また一方では、食の安全性評価にかかわる毒性学や分析科学等の科学技術も目覚ましい進展を遂げ、新たなリスクも見出されるようになっていた。そのため、食品の安全確保に関する基本的課題を整理し、生協に求められる取り組みを新しくまとめて、組合員の理解拡大を進めることが必要となった。日本生協連は、前述の研究会の提言も受け、専務理事の諮問機関として「食品の安全政策・策定委員会」を設置し、生協運動と科学技術の今日的到達点に立った、食品の安全性に関わる基本的政策の視点を整理することとなった。

委員会答申では、食品の安全確保に関する基本的視点として「リスクアナリシス」を取り入れ、その視点から商品事業の政策整理および社会的な働きかけを行うべきと明記された。日本生協連は、この答申を受けて、商品事業の具体的取り組み、安全確保のための仕組みや基準の見直しを実施した。

また、社会的な仕組みの整備に向けて、食品衛生法の抜本的改正を求める国会請願署名活動を通じて、社会への働きかけを全国の生協とともに推進した。この結果、２００３年には食品衛生法が改正され、食品安全基本法が制定されるなど、国の食品安全行政にリスク分析の考え方が導入された。あわせて食品安全基本法の条文には、「消費者の権利」や「リスクコミュニケーションの重要性」についてもはじめて明記されることになった。

（5）国の食品安全行政推進の取り組み

日本生協連は食品安全委員会や厚生労働省・農林水産省における専門調査会や審議会に参画し、消費者並びに事業者の立場から意見や要望を述べている。また、重要な審議会や調査会などについては、傍聴や情報収集を行い、全国の生協への情報提供や意見の発信を行っている（**図表2**）。

食品安全委員会、厚生労働省、農林水産省および消費者庁は、食品の安全や表示に関するリスクコミュニケーションを実現するために、課題別の意見交換会を全国で実施してい

図表2　日本生協連の食品に関連する主な政府審議会などへの参加状況（例）

所　管	審議会／検討会等名	所属部会等
	食育推進会議	専門委員
内閣府	食品安全委員会	企画等専門調査会
		調査・研究企画調整会議
内閣府	消費者委員会	食品表示部会
		消費者安全専門調査会
厚生労働省	薬事・食品衛生審議会	食品衛生分科会
		添加物部会
		食品規格部会
		農薬・動物用医薬品部会
厚生労働省	薬事・食品衛生審議会	薬事衛生分科会 動物用医薬品等部会
農林水産省	農業資材審議会	飼料分科会
農林水産省	リスク管理検討会	委　員
農林水産省	レギュラトリーサイエンス新技術開発事業審査委員会	事業審査委員
農林水産省	生産情報公表加工食品の日本農林規格の確認等の原案作成委員会	委　員
厚生労働省／農林水産省	コーデックス連絡協議会	委　員
消費者庁	食品表示一元化法検討委員会	委　員
消費者庁	健康食品の表示に関する検討会	臨時の行政検討会（2009年11月～2011年7月まで）
消費者庁	栄養成分表示検討会	臨時の行政検討会（2010年12月～2010年7月まで）

図表3　パブリックコメント（2004.01～2012.04）

テーマ／提出先	厚労省	農水省	食品安全委員会	消費者庁	合　計
食品添加物	1		7		8
農薬（ポジティブリスト制度含む）	4	1	1		6
動物・飼料添加物	4	2	26		32
BSE	1	1	3		5
体細胞クローン		1	1		2
重金属	3		3		6
栄養・健康食品	2				2
汚染物質		1			1
微生物			1		1
容器・包装			1		1
輸入監視	3				3
表示				3	3
コンニャクゼリーその他			2		2
放射性物質	1		1		2
運営計画			2	1	3
合　計	19	6	48	4	77

る。日本生協連はこれらに積極的に参加するとともに、必要に応じて意見を述べてきた。また、食品の安全にかかわる政府への意見募集に関しては、２００４年から現在（２０１２年４月）まで76案件について意見を提出した（図表３）。なお、地方自治体や地方厚生局・農政局と共催で開催された意見交換会でも、各地の生協がパネリストとして参加し、意見を述べている。

日本生協連は、食品の安全を確保する社会的な仕組みを確立するためには、国レベルだけではなく、地方自治体の食品安全行政についても充実強化が必要と考えている。各地の生協では、地方自治体などの食品安全行政を推進するため、様々な取り組みを行っている。具体的には、①食品の安全に関する基本方針の策定や条例制定に向けた取り組み、②施策決定過程への参画（審議会や県民会議への参加）、③食品衛生に関して地方自治体が実施する監視・指導の年次計画策定時の意見・提言の提出、④地方自治体の食品安全に関する施策についての意見交換への参加・意見陳述である。

さらに日本生協連では、食品の安全に関する政府の取り組みや企画の募集案内をホームページや会員専用の「くらしと商品情報」サイト、メーリングリストによる情報提供を実施している。そのうえ。地方自治体が取り組んでいる食品の安全に関する特徴的な取り組みの紹介、ホームページに「食品の安全」コーナーを設置してトランス脂肪酸をはじめとする食品の安全に関するQ＆Aや日本生協連の見解・考え方を掲示している。組合員の食品の安全に関する学習活動等を支援する資料提供や学習会講師派遣を実施している。

(6) 食品の安全に関する調査・研究・情報提供

コーデックス委員会は1962年にFAO（国連食糧農業機関）とWHO（世界保健機関）が合同で設立した国際政府間組織であり、国際食品規格の策定を通じて、消費者の健康を保護するとともに公正なる食品の貿易を確保することを目的としている。1995年、日本生協連から表記委員会へのICA（国際協同組合同盟）のオブザーバー参加についてICA本部によびかけをした。ICA本部及びICA生協委員会の総意により、コーデックス委員会へのオブザーバー参加申請が決議された。その後ICA事務局からコーデックス委員会へのオブザーバー申請が行われ、コーデックス事務局からオブザーバーの地位の承認を受けた。ICAがオブザーバーの地位を得て最初に参加したコーデックスの会議は、1996年3月5〜8日、東京で開催されたコーデックス・アジア調整部会であった。この会合へは日本生協連2名、コープこうべ1名、コープとうきょう1名が参加した。1996年以降、日本生協連は、ICAメンバーとしてコーデックス総会及び一般問題部会に参加してきている。日本生協連は、食品の安全性に関わる最新の規格・基準の国際的な動向を探り、審議状況や各種情報・資料を入手し、当会の事業に資するための調査を行ってきている。

日本生協連は国際的な流通業界の食品の安全に関わる取り組みについても関心を持ち、調査を実施している。国際チェーンストア協会（ＣＩＥＳ）主催の国際食品安全会議に毎年参加している。ＣＩＥＳは食品関連業界のネットワークであり、さまざまな食品安全プログラムを有して活動し、国際食品安全会議はこのプログラムの一環として世界各地で開催されている。

日本生協連は海外の生協と食品の安全に関する情報交換や取り組みの交流を行っている。グローバル生協委員会食品安全品質ワーキンググループは毎年ヨーロッパを中心として開催され、２００６年は日本生協連がホスト国を担当し、３月27～31日の５日間、東京で開催した。海外からはデンマーク・フィンランド・イタリア・ポルトガル・チェコの生協事業連合会とユーロコープから10名が参加した。この会議にあわせ、ヨーロッパからの参加者と日本の行政担当官による「食品の安全性と品質の保証」に関する日欧シンポジウムが開催された。当日は取引先や事業者、会員生協、行政、消費者団体などからなる２５０名を超える参加者により、食品の安全について報告・意見交換が行われた。

（7）偽装牛肉コロッケ事件と中国製冷凍餃子事件

２００７年６月、コープ牛肉コロッケの原料の牛ひき肉に豚肉が混入しているとの報道があった。この商品は、日本生協連が㈱加ト吉を通じ、㈱北海道加ト吉に製造委託しているもので、原料牛肉は㈱北海道加ト吉が㈱ミートホープから仕入れていた。このミートホープにおいて意図的な偽装があったことが確認された。このような意図的な事件は、従来の品質管理システムに基づく点検の範疇《はんちゅう》を超えるものであった。この事件を教訓に、日本生協連では、原料管理を強めると同時に原料仕入先を含め取引先の企業倫理・体質に対する点検を取り入れることにした。社会システムとしても、行政や食品の製造、流通段階に関わるすべての関係者が責任を全うすることで食品偽装等の問題を再発させないしくみが必要であることが明らかになった。この事件を受け、これまで消費者向けの商品のみが対象であったＪＡＳ法は、食品の業者間取引も対象に含めるように改正された。

２００７年12月下旬から２００８年１月にかけての日本生協連の中国製冷凍ギョーザで農薬による中毒事故が発生した。この商品を食べた家族が急性中毒となり、有機リン系農薬（メタミドホス、ジクロルボス）が、非常に高濃度で混入していたことが判明した。これは農薬が意図的に混入された可能性が高いことがわかったが、社会全体・生協全体を揺るがす大きな事故であり、発生時は報道でも連日取り上げられた。これまで生協は、事業・運動を通じて食品の安全に取り組んできたが、この事件で生協の信頼は大きく揺らぎ、「生協だから安心していたのに裏切られた」という組合員のコメントが多く寄せられた。

日本生協連では、外部有識者（東京大学大学院農学生命科学研究科教授の吉川泰弘氏を座長）による第三者検証委員会を立ち上げ、課題と提言を受けた。この委員会の報告では、生協内の課題として、クライシス対応の課題、食品の安全管理と品質保証における日本生協連と会員生協・関係者との連携強化の課題、日本生協連の品質保証体制強化の課題、リスクコミュニケーションの課題などを指摘している。また、社会システムとしては、食品テロも想定し、フード・ディフェンスも視野においたシステムを整備していく必要があるとしている。リスクコミュニケーションの課題については、「生協は品質管理や安全性確保への取り組みなど、さまざまな情報を提供してきたが、安全性についての主張に比べると『検査で安全性を１００％保証できるわけではないこと』『工場点検をしていても駐在して毎日点検しているのではないこと』など、リスクについての説明や情報提供が不十分であった」とした上で、「食品の安全性確保のためには、事業者の努力もさることながら、消費者の理解と協力も必要である。食品の安全性を確保するためにはコストがかかるという認識を持つこと、食品の正確な情報を見極めること、食品を安全に取り扱うことなど、消費者自身によるリスクマネジメントが適切に行われるよう情報の共有、意見交換をする機会も必要である。日本生協連は、商品事業を行っている消費者組織という特徴を生かして、会員生協と連携して組合員の声をよく聞くと同時に、組合員がコープ商品に対する正しい認識を持てるよう、コープ商品の苦情・問い合わせの内容やその回答を積極的に知らせるとともに、組合員と直接意見交換する場を設けるなどのリスクコミュニケーションを行うべきである」と指摘している。リスクについての情報共有や意見交換、すなわちリスクコミュニケーションが重要な課題になっている。

2．食品安全行政への貢献

（1）1995食品衛生法改正

１９９４年12月、厚生大臣に「食と健康を考える懇談会」報告書が報告された。この内容をベースとして23年ぶりに食品衛生法および栄養改善法が改正され、１９９６年５月24日から施行された。

日本生協連は、食品保健行政の基本的あり方を大きく変えるものとの認識に立ち、懇談会における意見具申および改正案に対して詳細な検討を行った。改正案では天然添加物も合成添加物と同様に指定添加物とすることであった。日本生協連は強い関心を持ち、法改正以前から外部学識経験者で組織する研究会を設置し、逸早《いち》く調査・検討を行ったことから、法改正時における天然添加物の取り扱いや安全性評価に関して、的確な意見・要望を提出することができた。

１９９５年11月22日、政府は「審議会等の透明化、見直しなどについて（１９９５年９月29日閣議決定）」に基づき、食品衛生調査会の公開がなされ、日本生協連から食品衛生調査会常任委員会へ臨時委員としての参画を得ることができた。

ＷＴＯ協定の締結、規制緩和の要請および製造物責任法（ＰＬ法）の施行を背景として、食品衛生法および栄養改善法の一部が改正された。改正法案の内容は国際化等の変化に対応した食品の安全の確保、食品衛生規制の見直し・自主的衛生管理の推進、食品を通じた健康づくり（栄養成分表示）であった。今回の法改正によって、天然添加物や残留農薬の規制を強化する仕組みが、従来に比較して改善された。更に法改正にともなって行われた衆参両院の厚生委員会の付帯決議には、消費者団体の要求の趣旨が盛り込まれた。そのひとつが残留農薬基準の早期整備とともに、将来的に環境が整えば食品添加物の規制と同様にポジティブリスト制の導入を検討することであった。

１９９５年２月、全国消費者団体連絡会（構成13団体）及び６つの消費者団体は、食品衛生法等の改正に関して①法の目的に「食品の安全の確保」および「国民の健康の向上・増進」に寄与することを明記すること、②審議会等への消費者の参加、安全性に関する情報の公開を明記すること、③天然添加物についても国が指定しなければ使用できないようにし、指定対象範囲をできるだけ広げ規格基準を定めること、④残留農薬を取り締まる根拠を法に明文化するとともに、農薬の残留する食品については原則として流通を禁止し、国が設定した残留基準に適合したもののみに流通を認めること、⑤農薬の残留基準を設定する際には、農薬製造業者等に直接資料提出を求められるようにすること、⑥規格基準の設定等の行政決定を行う場合には、公聴会等を開催し、国民の意見を聞くこと、⑦規格基準の設定等の行政決定に対し、不服のある場合には異議の申し出ができるようにすること、⑧加工食品に主要栄養成分表示を義務づけること、の8項目を要求した。

（2）日本生協連の行政要求5項目とその後の行政措置

食生活の多様化などによって生活環境が大きく変化する状況下で、食品安全行政も大きく変化しようとしている。そのなかで日本生協連は、改めて広範な消費者・組合員の参加によって、「食品の安全」について広い視野から科学的に学び合う活動を提案した。食生活を考え合い、生協の商品についてよく知り、利用する活動を進めた。そして、食品の生産に携わる方々への協力を呼びかけ、行政に要請する項目をまとめた。1995年6月16日、日本生協連第45回通常総会では「食品安全行政の充実を求める特別決議」を採択した。行政に対する要求項目は、①天然添加物の安全性評価を実施し、化学的合成添加物の指定削除など食品添加物の指定範囲を見直すこと、②国内で流通している農薬の残留実態調査を行い、計画的に残留農薬の基準策定を進めること、③動物用医薬品の残留基準を、新しい技術水準に合わせて確立すること、④食品衛生調査会や国際的な会議内容などの情報公開と消費者の意見反映システムを整備すること、⑤輸入食品の監視体制を強化し、国産品の検査についても体制を整備すること、の5項目であった。

21世紀初頭における食品保健行政の進め方について検討を行うため、1997年11月12日、食品衛生調査会常任委員会に「今後の食品保健行政の進め方に関する検討会（座長寺尾允男《てらおただお》国立医薬品食品衛生研究所長）」（以下、「検討会」という）が設置された。検討会は、5回の審議を重ね、1998年2月13日、報告書骨子（案）がとりまとめられた。戦略の視点は、①新たな健康危機の管理と食中毒対策、②新しい食品（バイオテクノロジー応用食品）と輸入食品の安全対策、③生産から食卓までの衛生管理、④情報公開と消費者教育、⑤調査研究の推進であった。1998年厚生労働白書には、食品をめぐる新たな問題に適切に対応する指針として、「今後の食品保健行政の進め方について」に言及するとともに、食中毒対策の強化等の食品の安全性の確保のための方策について紹介。また化学物質対策への取り組みとして、ダイオキシン、内分泌撹乱化学物質への対策、国際的な化学物質への取り組み等について記述された。

（3）1995年以降の生協における食品の安全の取り組み

日本生協連は内山充氏（前国立衛生試験所長）を座長とし、松本恒雄氏（一橋大学法学部教授）をはじめとする各種専門家及び消費者団体で構成される「食品の安全行政と社会システムに関する研究会」を設置した。

本研究会では、食品の安全確保について生協関係者が消費者とともに広く学び、現状の問題点と今後の課題について理解を深め、求めるべきは求め、行うべきことは行い、さらに科学的な検証をすすめながら、わが国の食品の安全性をより高いレベルへ引き上げていくための、考え方の筋書きを明らかにした。総論では食品の安全を確保するために各分野の役割を明確にした。消費者は選択力、生産製造業者はモラルと責任、科学者は科学的評価、行政はルールづくりと監視、生協は事業者の規範、マスコミは正確さとモラル、そして教育の重要性であった。各論では、法律で食品の安全確保が消費者の権利であることを明文化した制度の必要性、行政の意思決定過程への消費者参加と的確な情報提供、行政施策へのチェック機関と統一的行政組織の設置、地方自治体・保健所・衛生研究所の役割分担、食品の安全のための社会的ルール作りを求めた。生産、製造、流通、提供の共通する危害要因は次のように考えられる。食品素材のほとんどは自然の動植物であり、食品の品質変化は不可逆的である。食品は常にどの段階でも危害要因をはらんでいることを認識しなければならない。

日本生協連ではこれまでの食の安全活動、食生活の大変化、急がれる安全行政措置、食品安全行政の抜本的強化、自給率を向上させる施策の要求、商品事業上の取り組みなど、食の安全を目指す基本的視点を示した。

行政措置の働きかけとして、情報公開・消費者の参加を求めた結果、各自治体の食品安全行政の実態調査と参画の芽生え、食品衛生調査会の委員およびコーデックス委員会へＩＣＡオブザーバーとしての参画、パブリックコメントの策定などを行ってきた。個別課題は食品添加物、残留農薬、残留動物用医薬品、遺伝子組換え食品などについての消費者要求を反映させた。

１９９５年４月、日本生協連は『食品安全行政のあり方を考えるシンポジウム』を開催した。当時の厚生省生活衛生局食品衛生課長を招聘《しょうへい》し、改正法案のポイント報告を受け、食品の安全規制とする食品添加物、残留農薬および動物用医薬品の現状と課題を学んだ。

１９９６年には、食の安全を考えるシリーズセミナーとして、食の安全（食生活に関わる発がん物質）、食品添加物（法改正と健全な食生活）、動物用医薬品（畜水産食品中の抗菌性物質）、農薬を考える、バイオ食品と安全性の考え方（遺伝子組換え食品）を開催した。同じ時期に「みんなで考えたい食の安全」シリーズパンフレットを発行した。

日本生協連は、自治体の食品安全行政充実強化を求める活動を提起するとともに、地連等での学習・交流会、会員生協における総合的な学習が広がっていった。

（4）１９９９年以降の食品衛生法の抜本改正運動

食品衛生法の抜本改正の要求骨格は次の通りである。①食品衛生法第1条（目的）を改正し、「食品の安全」は消費者の権利であることを明記すること。あわせて、政府における食品（安全）行政を省庁横断の連絡会議の設置等によって一元的に行うこと。②消費者への食品の安全に関わる情報公開、及び政策決定への参画を抜本的に強化する措置を積極的に行うこと。また、コーデックス委員会等国際基準策定への消費者の参画、消費者意見の反映を積極的に行うこと。③食品安全性確保の監視・指導体制を抜本的に強化すること。④検査技術を含む、食品の安全性研究を充実強化すること。その他、個別事項として食品添加物、農薬、動物用医薬品、食品の表示制度、遺伝子組み換え食品の表示制度などであった。さらに都道府県への要求骨子として、a)県の食品安全行政の計画を消費者の参画によって策定し、一元的な具体施策を進めること。b)消費者参加による食品安全に関わる審議会・委員会等を設けること。c)食品の安全性の検査を適切に行い、その情報を公開すること。また、安全性に関わる研究・検査を科学の進歩等に応じて充実強化し、必要な対策を行うこと。d)事業者への食品衛生の監視・指導を充実強化すること。e)消費者への啓発・教育、活動支援を適切に行うこと。

１９９９年度の運動によって広げられてきた組合員の理解と共感を基にして、２００１

年春の通常国会に向けた「食品衛生法の改正と充実強化を求める国会請願署名」活動を進めた。請願項目は、①食品衛生法の目的（第1条）に「国民の健康のために食品の安全性を確保する」という主旨を明記すること、②食品の安全行政に関する施策について、積極的に情報公開をすすめるとともに、消費者の参画を法律の中に明記すること、③食品の表示（第11条）の目的に、「消費者の選択に役立つ」という主旨を加えること、④全ての食品添加物の指定制度への移行計画的に進めること、⑤農薬・動物用医薬品の残留基準値の設定を計画的に進め、残留基準の決められていない食品の流通・販売ができないようにすること、⑥化学物質や新技術に関わる食品・容器包装の新たな不安や問題に対応した予防的な調査・研究の充実、検査体制の充実など、法制度の運用を強化することの6項目である。この請願署名には1373万人が賛同し、衆参両議院の8割にあたる588名の議員紹介を得て国会請願がなされ、2001年にはその趣旨が国会において請願採択された。

(5) 2003年の食品安全基本法の制定と食品衛生法の改正

2001年9月、国内におけるBSE感染牛が発見されたこと、その後の行政対応の不備が次々と露呈したこと、加えて輸入牛を国産牛と偽装して政府に買い取らせる事業者が続出し農水行政への不信が極みに達したことなどから、消費者の食品安全行政のあり方は大きく揺らぐこととなった。

２００２年４月22日に発表された「ＢＳＥ問題調査検討委員会報告」などを受けて、６月11日、政府は「食品安全行政に関する閣僚会議」において、「今後の食品安全行政のあり方について」を発表し、食品安全行政の改革を行うことを正式に表明した。このなかでは、食品安全行政に関わる新しい行政組織として「食品安全委員会」の設置、食品安全基本法の制定および食品衛生法関連法の見直しを柱とする方針が示された。

２００２年６月４日、日本生協連は「食品安全行政に関する閣僚会議」での新行政組織検討に対して次の要請を行った。①新組織にはリスクアセスメント機能のみならず、リスクマネジメントとリスクコミュニケーションを含むリスク分析全体を見通した基本的な指針を策定する機能を明確に位置付け、それに基づいてリスクマネジメント機関に勧告などを行えるよう、その任務を整備すること。②新組織におけるリスクアセスメントが、まず科学者集団による評価チームで行われることは当然であるが、「最終的な決定」やリスク分析全体の基本的な方針を策定する委員会の構成や運営において、消費者などの参加をどう確保するかを明確にすること。③新組織におけるリスクアセスメント機能が現実的に力量を持つとともに、行政の肥大化を防止するためには、厚生省、農水省などにそれぞれ部分的に存在しているリスクアセスメント機能を新組織に移管し、集中して強化することを明確にすること、④関係機関への勧告が実効性を伴ったものとして機能するよう、リスクマネジメント機関における実施状況の監視・チェック機能や、内外の情報収集機能に関わって新組織の権限を明確にするとともに、事務局体制を整備すること。政府は食品安全行政を立て直すために従来の考え方を抜本的に改め、既にグローバル・スタンダードであるリスクアナリシスの手法をわが国においても導入することとした。

食品安全基本法の基本理念は国民の生命及び健康の保護、食品の供給に関する一連の行程の各段階における安全性の確保、最新の科学的知見及び国際的動向に即応した適切な対応である。関係者の責務・役割として、国は食品の安全性の確保に関する施策を総合的に策定／実施、地方公共団体は国との適切な役割分担を踏まえて、食品の安全性の確保に関する施策を策定／実施、事業者は食品の安全性を確保するための一義的な責任および正確かつ適切な情報の提供、消費者は食品の安全性に関する知識及び理解を深めることおよび意見の表明の機会等の活用とされた。食品安全委員会は科学的かつ中立なリスクアセスメントを行い、リスク分析や危機管理対応に関する基本的な指針の策定を行うとされた。食品の安全性の確保に関する施策の充実としては、a)行政機関相互の連携、b)試験研究・人材の確保、c)内外の情報収集、d)表示制度の適切な運用、e)食育の推進、f)環境に与える影響の考慮などであった。

食品衛生法等及び健康増進法の一部改正の目的は、ＢＳＥ問題や偽装表示問題などを契機とする食品の安全に対する国民の不安や不信の高まりから、「食品の安全の確保のための施策の充実を通じ、国民の健康の保護を図る」とされた。同改正案は。①国民の健康の保護のための予防的観点に立ったより積極的な対応、②事業者による自主管理の促進、③農畜水産物の生産段階の規制との連携という3つの視点に基づく見直しであった。

規格・基準の見直しとして、a)農薬等の残留規制の強化（ポジティブリスト制の導入）、b)安全性に問題のある既存添加物の使用禁止、c)特殊な方法により摂取する食品等の暫定的な流通禁止措置、さらに健康増進法における健康の保持増進の効果等についての虚偽または誇大な広告等の表示の禁止。さらに監視・検査体制の整備および営業者による食品の安全性確保への取り組みの推進という監視・検査体制の強化であった。そのほかには食中毒等飲食に起因する事故への対応の強化、罰則強化であった。

食品衛生法の改正運動について、日本生協連理事会食品安全運動推進小委員会による「食品安全運動のまとめ」では、「私たちの運動は、かつてない大きな社会的支持・共感と成果・前進に結びついた。その教訓として、この運動が、①時宜に合った課題を生協が真正面から取り上げてその実現に取り組んだこと、②生協の主張・提言が商品・事業の中での積み上げに裏付けられたものだったこと、③具体的な政策を提示する提案型・創造型・実現型の運動として展開されたこと、④組合員学習を積み上げ多くの組合員自身の『かたりべ』づくりなどの積み上げの中で広げられたこと、⑤国・地方の議員・議会・行政とのかつてない広範な関係づくり・理解促進の中で行われたことの5つをあげることができます」としている。これを「戦後、日本の食品安全行政の大転換ともいうべき画期的な法制度上の改革」としつつ、今後の課題について、①食品安全委員会の独立性の確保、②政策形成過程への消費者参画、実効性あるリスクコミュニケーションの実現、③県行政強化の取り組み、④事業者としての生協の責任が必要とされた。

（6）ポジティブリスト制の導入

2006年5月29日から残留農薬等のポジティブリスト制度がスタートした。これは2003年の食品衛生法改正に基づき、「農薬、飼料添加物及び動物用医薬品（農薬等）について、一定の量を超えて残留する食品の販売等を原則禁止とする」という新しい制度である。

これにより加工食品を含む全ての食品を対象に、農薬等の残留基準が設定された。以前は残留基準が設定されていない農薬が検出された食品でも、その食品の販売等を禁止するなどの措置はとれなかった。その点でこの制度は、食品の安全性確保にとって大きな前進である。

ポジティブリスト制度の開始にあたり、国内外で様々な準備が行われた。国内の農業生産者は、狭い耕地で様々な農作物を栽培しているため、農薬等を適正に使用したとしても近隣からの農薬の飛散（ドリフト）などによる汚染を受ける懸念が残る。これに対し、農林水産省や生産者団体などは、ドリフトを避けるための講習会を行い、ドリフトにより農薬が残留しやすい作物のタイプをインターネットで公開している。また、食品製造業者や流通業者は、トレーサビリティシステム（生産履歴管理システム）導入や、加工食品原料の管理強化を進めてきた。厚生労働省は残留物質の検査法開発を進め、輸入食品の検疫における残留農薬等の検査強化を打ち出した。野菜の残留農薬等でしばしば問題になった中国では、専門機関が「対日輸出農産品リスクアセスメント報告」を発表し、生産者などに注意を喚起している。われわれ生協もこの3年間様々な準備を進めてきた。

このようにポジティブリスト制度は関係者の様々な取り組みを促しており、われわれ国民の健康保護にとって重要な役割を果たす可能性を示している。なぜなら食品の安全性に関わる一つの分野で関係者が揃って努力していることは、食品全体の安全性確保のレベルを上げることにもつながるからである。

しかし、ポジティブリスト制度が定着し真価を発揮するためにはいくつかの課題がある。まず、運用にあたって重要なのは、単に「検査で農薬等が基準を超えて検出しなければよい」ということでなく、フードチェーンアプローチ（食品の生産から加工・流通に至る全ての過程の中での安全性確保のしくみ）が確立されることである。

次に、残留基準そのものの問題である。様々な理由から新規に設定された基準は暫定基準となっており、今後、新たな科学的知見や使用実態等を踏まえて見直していく必要がある。農薬等の健康影響評価を担当する食品安全委員会は、評価を担当する農薬専門調査会を大幅に増員、強化した。膨大な評価作業となることは承知しているが、迅速に評価が進むことを強く期待している。

さらに、リスクマネジメント機関である関係省庁の連携が不可欠となる。特に、生産現場を管轄する農水省と残留農薬等を規制、監視する厚労省の連携は重要であり、ポジティブリスト制度確立における両省の責務は大きいと考える。

一般的に消費者の食品中の残留農薬等に対する関心は高く、不安を抱いている人も多い。フードチェーンに関わる全ての関係者が、ポジティブリスト制度の運用に真摯《しんし》に取り組み、消費者を含む相互のコミュニケーションを図ることで、この制度が食品の安全性確保に寄与するのみでなく、消費者との信頼関係の醸成につながることを期待したものであった。

（7）消費者庁と消費者委員会の設置

中国製冷凍ギョーザ事件や事故米穀の不正規流通問題、ガス湯沸かし器による一酸化炭素中毒事故、エレベーター事故、こんにゃく入りゼリーによる窒息事故、相次ぐ食品表示偽装、高齢者等を狙った悪徳商法の横行など、国民の生活に関わる問題が多数起こった。こうした事件の背景には、これまでの行政が生産者側の立場を中心に考えられていたこと、また、いわゆる「縦割り行政」であったことが大きく影響している。そのため、消費者の方々が被害に遭われても、どこの窓口に相談したらよいのか分からなかったり、たらい回しにされたりという問題があった。また、消費者の苦情や相談が1カ所に集約されず、その結果、情報共有できないまま対応が遅れてしまうこともあった。こうした中、消費者・生活者が主役となる社会の実現に向けて、消費者庁と消費者委員会が２００９年９月１日に発足した。

消費者庁は消費者・生活者の利益とは何かを第一に考えて行動する行政機関である。消費者行政の「司令塔」としての役割が期待されている。消費者庁の主要な業務は、①消費者被害の防止、②所管する法律（食品衛生法、健康増進法、特定商取引法、景品表示法、ＪＡＳ法など）の執行、③地方消費者行政の支援である。消費者が店頭で食品を選ぶ際に重要な情報源となる食品表示である。

近年、食品偽装など、消費者の食品に対する信頼を揺るがす事件が相次いでいる。食品表示制度については、飲食がもとで起こる衛生上の危害発生を防止することを目的とした「食品衛生法」、原材料や原産地など品質に関する適切な表示により消費者の選択に資することを目的とした「ＪＡＳ法」、栄養の改善など国民の健康増進を図ることを目的とした「健康増進法」など多くの法律が関係している。これまでは、食品衛生法と健康増進法に関しては厚生労働省が、ＪＡＳ法に関しては農林水産省がそれぞれ所管していたが、消費者庁では、これらの法律に基づく食品表示制度を一元的に所管することとなった。現在、食品表示に関する課題として、加工食品の原料原産地表示の義務づけの拡大、健康食品の表示のあり方などの課題に取り組んでいる。また、食品表示に関する一元的な法体系のあり方について検討し、必要な措置を講ずることとしている。

消費者委員会（以下「委員会」という）は、消費者の意見が直接届く透明性の高い仕組みであり、消費者問題について調査審議し、建議等を行うとともに、消費者庁や関係省庁の消費者行政全般に対して監視機能を有する独立した第三者機関である。委員会の下には部会・調査会が12設置されている（２０１１年7月現在）。２００９年9月1日に内閣府に設置された。「食品表示部会」は、以下の事項について調査審議を行うこととされた。①食品衛生法に基づき、内閣総理大臣が、販売の用に供する食品、添加物、容器包装等の表示の基準を定める際に、意見を述べること、②農林物資の規格化及び品質表示の適正化に関する法律に基づき、内閣総理大臣が、飲食料品の品質の表示の基準を定めようとするときに、意見を述べること、③その他食品の表示に関することである。

3．今後の食品の安全性と品質にかかわる課題（化学物質に関わる新しい政策）

これまで述べてきたように生協は、くらしの安全や安心を求める消費者の願いに応えるために、誕生当初から現在にいたるまで、食品の安全を守るための取り組みを行っている。生産者やメーカーと協力して、商品の調達や開発を行ったり、商品検査や組合員の学習活動を行うだけでなく、食品安全に関わる社会や行政のシステムを改革する活動にも取り組んできた。こうした取り組みが、２０００年代の食品安全行政の大転換につながった。

日本生協連では、２０００年代の食品衛生法改正につながる活動を提起した際にＣＯ・ＯＰ商品事業における化学物質のリスク管理の考え方を整理し、１９９９年食品添加物基準を改定して以来、この基準に則って運用を進めてきた。しかし、それ以後、２００３年の食品安全基本法制定と食品衛生法改正を経て、日本の食品安全行政は大きく変化した。

日本生協連としては、こうした社会状況の変化と、化学物質のリスク管理をめぐる様々な科学的知見が蓄積される中で、これからのＣＯ・ＯＰ商品における化学物質の管理のあり方について論議を行うことにし、２０１０年12月から２０１２年2月まで、理事会の下に設置した「ＣＯ・ＯＰ商品における化学物質のリスク管理に関する政策検討委員会」において政策整理をした。

私たちが普段食べる食品には、さまざまなリスクがあり、食中毒や異物混入などは、昔も今も重視して取り組まなければならないリスクである。また、ＢＳＥ（牛海綿状脳症）や放射性物質など、消費者・組合員にとって関心の高いリスクもある。近年では、食品への悪意をもった意図的な毒物の混入など、予測がむずかしいリスクも含め、さまざまなリスクをどうバランスよく管理するかが課題である。生協では、日常の衛生管理はもちろんのこと、フードチェーン全体にわたってリスクを想定して管理を行ってきている。

本委員会が対象とした食品添加物や農薬などの化学物質のリスクは食品に関する多くのリスクの一部にすぎない。しかし、生協ではこれまで、事業上でも、組合員活動の面でも、食品添加物等に対して長く取り組みを行ってきたことから、今までの歴史的な取り組みも含め、今後の管理の考え方を整理していくこととなった。

本委員会で検討した論点は以下の３つである。

①食品添加物総量規制運動と指定削除要請運動（Ｚリスト運動）」の経過と総括について

②リスクアナリシスの考え方に基づく日本生協連の食品中の化学物質の考え方について

③日本生協連の食品添加物自主基準の考え方と見直しについて

本委員会は、検討の対象を食品の安全に関する問題とし、化学的ハザードである食品添加物・農薬・動物用医薬品・容器包装に起因する化学物質・汚染物質について検討をした。なお、ＢＳＥの問題や放射性物質については対象としていない。また、対象とする商品は、日本生協連と会員生協が共同して開発し日本生協連が供給するCO・OP商品とし、今回はCO・OP商品にしぼって論議した。会員生協や事業連合の独自開発商品やそれぞれでの取り扱い商品については、今回の政策整理を参照し各生協で検討いただくことが課題となる。

本報告書のとりまとめにあたり、日本生協連では、2011年11～12月に、全国6カ所で中間報告をもとにした意見交換会を開催し、67生協・365人の役職員・組合員リーダーの皆様からたくさんのご意見をいただいた。この他に地連運営委員会や理事会専門委員会、また、会員生協や事業連合の場でも、広くご議論いただいた。

これまで生協が行ってきた食品の安全を守るための取り組みによって、食品安全基本法が成立し、リスクアナリシスに基づく食品安全行政が整備された。食品安全委員会が設立され、科学的知見に立脚し「中立性」と「情報公開」の原則の下にリスク評価が行われるようになったため、CO・OP商品のリスク管理においても、国のリスク評価・リスク管理をもとにすることができるようになった。これは、長年の生協の取り組みの成果といえる。

CO・OP商品の化学物質のリスク管理について、食品の安全のために今後日本生協連として強めていくべきことは、以下の4点である。

①行政への意見提出、社会への発信を行い、食品安全システムの向上に貢献すること
②国内外のリスク情報に目を配り、収集し、理解し、説明できるようにすること
③ＣＯ・ＯＰ商品事業のリスク管理の取り組みを引き続き強化すること
④リスクコミュニケーションを進め、組合員と共に安全と安心を築いていくこと

生協では食品の安全を確保するための総合的な実践を積み重ね、組合員や社会からの信頼を得られるよう力を尽くす。化学物質のリスク管理については、「基準があるから安心」、「検査をしているから安心」というようにリスク管理の一部だけを強調するのではなく、取り組みの全体像が見えるようにしていく。同時に、こういった取組みを継続することで、ＣＯ・ＯＰ商品のリスク管理にとどまらず、国の食品安全システムの発展に貢献することを生協の目的として掲げていくこととする。

おわりに

２０１１年3月11日に発生した東日本大震災により、東京電力福島第一原子力発電所の放射性物質による食品中への汚染レベルの問題が今日でも連日マスメディアでとりあげられており、行政機関や各事業者は継続して各種食品中の放射性物質のレベルを測定している。そのようなかで、消費者・国民の大多数の関心事は食品中の放射性物質レベルであ

ろうと推察される。この問題は生協がこれまで食品の安全や品質に対して取り組んできたことのなかでも最も困難であろうとも、組合員・消費者のために適切、正確および理解しやすい言葉による情報提供が求められている。２０１１年11月から２０１２年４月にかけて、日本生協連は「家庭の食事からの放射性物質摂取量調査」を実施した。この調査目的は①生協組合員の関心が高い一般家庭の日々の食事に含まれる放射性物質の量について、その実態を科学的に調査すること。②被災地を中心に多くの生協組合員の協力を得て、実際の食事と使用した食材に関する情報や食事に対する意識を調査することで、実情を把握すること。③調査結果や関連情報を広く消費者の皆様へ分かりやすく提供していくことで、現状を正しく理解するための一助とすること。の３点である。

政府・行政機関への不信感が増大していくなかで、生協に対する期待も大きく、そのためには日本生協連が組合員・消費者およびグローバルな視点からスタンスを明確にすることであろう。今回の事案に対する取組みが、今後の生協における食品の安全と信頼に大きく結びつくべき課題として、日々の情報提供やリスクコミュニケーションに努めていく覚悟である。

【参考文献】

「食品の安全に関する国際シンポジウム」（『生協総研レポートNo.30』、２００１年３月）
『現代生協論の探究』現代生協論編集委員会編（コープ出版、２０１０年６月）
「消費者の立場から見た現況と将来」（『Food & Ingredients Journal of Japan Vol.214, No3』、２００９）
「ＣＯ・ＯＰ商品における化学物質のリスク管理政策」（ＣＯ・ＯＰ商品における化学物質のリスク管理政策検討委員会報告、２０１２年５月）

2章 食料農業問題と生活協同組合

公益財団法人　生協総合研究所　研究員　林《はやし》　薫平《くんぺい》

1．大量生産・大量消費社会と生活協同組合

１９６０年代、流通革命・消費革命という言葉で表現されるように、高度経済成長にともなう中間層の形成、国民所得の増大から、従来の輸出需要と並び、国内の消費財需要が分厚く形成された。国内需要の増加に対応するかたちで、大規模な生産・流通の体制がととのえられた。食料品についても同様である。[*1]

ここに、消費者が有志で発起し、呼びかけ、参加することによって「消費生活協同組合」を結成し、支持を広げていく運動が生まれることになった。生協運動が花開いた土壌は、消費財全般につき拡大していく需要に合わせ、生産・流通の体制が急速に整備されていく中で、物量的な豊かさの増進とうらはらに、価格形成過程への懐疑や、食品安全への不安が一方で出てきたことであった。

価格については、この間、一貫してインフレであった。食品安全については、50年代以降、多発する公害問題から化学物質が自然環境や人体に与える影響への関心は高まってい

たが、食料品についても添加物や農薬の問題が注目を集めた。

60年代にレイチェル・カーソン氏の『沈黙の春』(Silent Spring) が紹介されたことや、有吉佐和子《ありよしさわこ》氏による1974年の新聞連載『複合汚染』が消費者の食品安全意識に大きな影響を与えた。*2

生産側の条件としては、流通革命期には、政策的な誘導により、全農等の全国組織の強力なリードのもと、野菜・果樹や畜産・酪農等の〝主産地〟が形成された。野菜は、卸売市場で荷受業者・仲卸業者を介し小売店（スーパー、専門店）へと流通する。川上の生産者から川中の卸売業者、川下の小売店まで、家族単位の小規模事業者を幅広く包括的に組み入れるシステムであった。このパターンで、大規模な流通網がつくられた。消費者の食卓にのぼる食品は急速に量と幅を広げた。

この流通システムは、最も川上にいる農業者に対しては、標準的で画一的な生産方法を求めた。概して、多段階の流通や市場での取り扱いに耐える規格や強度・外観が求められたからである。

また一方で、省力化の要請からも、化学肥料・農薬の多投化が進んだ。この点は先述の通り場合によっては農地と農産物における「複合汚染」の原因となりかねないことであった。農業者の健康問題でもあった。「信州の上医《じょうい》」こと佐久《さく》の若月俊一《わかつきとしかず》医師の啓発等により一部の農業者が農薬問題に関心を寄せ、さまざまな代替的方法を模索した。

卸売市場での取り扱いや選別の都合から、品種や栽培方法や規格が一定の制約を受ける。このことは、大規模な流通を実現するために必要なことであったとはいえ、ミクロに見れば、農業者と消費者双方にとって不利益となる面もあった。中間層の分厚い食品需要に応じて構築された大規模な生産・流通体制に対し、価格面や品質面から十分な満足をえなかった消費者（主婦）が60年代から現れ始め、70年代に拡大したのであった。

そうした消費者は自分たちで独自に食品を手に入れたいと望み、生協の場に結集し、意見を言い、生産者や食品事業者を探し、コープ商品や産直商品の開発に参加して自ら購入した。70年代以降は、コープ商品への単品結集、予約購入方式のシステム化により生協が大きな成長を遂げた。並行して、生鮮品では生産者と直接取引する産直が伸長した。

生協事業の伸びに応えるかたちで生産者団体も組織や出荷体制を整備し、70年代から80年代には、メインストリームの食品流通の傍らに、生協などの消費者組織と直結取引をする農業者団体が数多く誕生して異彩を放った。１９７１年には、日本有機農業研究会も結成された。

70年代以降は、生協に参加する組合員の間だけのことではなく、消費は多様化し、公害や食品汚染への懸念も高まっており、大量生産・大量消費やインフレをもたらす経済への懐疑が広がっていた。多様化したニーズに応えるため、生協の他にもいろいろな流通方式（業態）が現れた。カタログ宅配やコンビニエンスストアといった革新的業態が出て競い合った。

生協は、70年代から80年代まではコープ商品や産直商品に代表されるような、生協固有の考え方に賛同する消費者が仲間を募り、参加を広げることで成長してきた。コープ商品や産直商品は、価格形成過程の透明化や、生産者とのつながりをテーマに、生協独自の商品として開発・訴求され、消費者の歓迎をもって受け入れられた。予約共同購入という業態の革新性も手伝い、事業の成長がもたらされた。

予約注文方式であるので、農業者にとっては出荷時に売り先と売り値がおおむね確定している。生産方法を話し合いで決められることに加え、価格安定のメリットは大きかった。大規模な流通の中では、この点は実現しにくい。生産と消費の双方に不確実性があり、需給調整を必要とするからである。予約制や、価格の安定は、考え方を共有できるいずれも小規模な消費者組織と生産者団体との間で、相互の信頼にもとづいて直結的に取引するニッチ的な事業ゆえに可能だった。

いずれにせよ、共同購入は、80年代までは生協の強力な看板であり、食料や農業に対する考え方を共有する消費者の参加によって推進された運動でもあった。ただ、ニッチ的ポジションとはいえ、取り組み内容は、卸売市場を典型とする匿名性の高い流通システムや、食管制度（後述）といった規制・統制に対し、消費者自ら別のあり方を模索し実践するものであり、革新的要素をもっていた。

80年代後半からは、より幅広く消費者の要求に応えていこうとする中で、コープ商品の単品結集や、産直における小規模生産者団体との直結取引という事業方式も幅を広げる必要が生じた。ちょうどここで、時代は食管改革、農産物流通自由化という大きなテーマをめぐって転換期を迎えることになる。

この時期は、経済・社会のあり方にも変化があった。

70年代以降、〝金権政治〟批判として先鋭的に表れたように、利益誘導型・平等性重視型のいわば「旧体制」の政治スタイルへの批判的な視線が強まっていた。透明でオープンで、民間主導・競争志向の経済運営と、計画経済的・利益誘導的で官僚主導・平等志向の経済運営の間で、与党内の意見が顕著に分化し始めたのが80年代である。食管改革や流通規制緩和が典型であった。食管について、生協の米産直と合わせて、次に見る。[*3]

2. 食管制度と生協の米事業

食管制度（食糧管理制度）は、食料農業をめぐる先述の「旧体制」の象徴である。食管制度のもとでは、米を政府が管理し、米価を政府が維持していた。その方法は、米生産者（農協）から政府が一定の米価で買い上げ、指定の米卸業者に売り渡すものである。制度の重要な点は、米を政府が一元管理して、生産者から買い上げて卸業者に売り渡すことと、その際の「二重米価」にあった。

生産者に対しては、生産原価をまかなえるだけの十分な水準を考えて買い上げ価格を決め、米卸業者に対しては、物価上昇が消費者に負担とならないよう配慮して売り渡し価格を決めるのが基本的な考え方であった。

問題は、高米価政策によって生産力が高まり、一方で需要が低下し、生産過剰となったことに端を発する。政府は食管制度の維持に苦慮することになった。70年代は、生産過剰と財政難の問題から生産調整（減反）が実施され、さらに政府米の中で、部分的に自由に流通する自主流通米が導入された。それでも財政負担は減らず、80年代初頭には強い改革風が吹いた。

生協としては、食管をどう考えるか、難しい局面にさしかかっていた。

70年代を通じ、世界的な穀物不安があった。中東情勢の不安定化、東西冷戦の緊迫化が日本の食料価格にも影響し、狂乱物価もあった。70年代後半には、食料をどう安定的に確保していくかをめぐり、国内生産の充実化や備蓄、安定的な貿易などが論じられた。19

80年の農政審議会答申も、「食料安全保障」という言葉を農政史上初めて用いた。ただしこの言葉は今日と異なり「食料自給率」と直に結び付けられてはいない。いずれにしても70年代を通じて消費者が抱いた食品、食料の供給体制への不安は大きかった。

ただ80年代には、食管改革を中心とする食品流通の自由化論が高まった。80年代に入り、臨時行政調査会（臨調）が設置された。財政の大きな負担となっていた食管制度や国営会社のあり方を検討することが役目である。とりわけ、食管制度のもとで、米価が年々引き上げられていたことを問題視した。鈴木《すずき》善幸《ぜんこう》内閣に対し、臨調はさっそく米価（生産者米価）引き上げストップを求めた。しかし、与党内では米価を上げようとする力と米価を下げようとする力が競り合い、前者が押し切り、米価が引き上げられた。

二つの力の拮抗は1985年まで続く。生協からも、日本生協連の中林貞男《なかばやしさだお》会長が米価審議会委員を務めていた。

生協代表、消費者代表の審議委員としてはつらい立場である。主食である米の流通や価格が安定することは望ましい。この点を重視すれば、農協の主張でもある食管堅持には賛同したい。しかし財政逼迫《ひっぱく》の中で、帳尻を合わせるために消費者米価が引き上げられる傾向があった。

政府の管理コストに加え、米の流通を政府が管理することは、生産や流通における革新的な取り組みや新技術の導入を阻害する面もある。自由化すれば、もっと良質で安い米が手に入るのではないか。食管制度には問題があるのではないか。70年代の食料不安が去ると、この不満が消費者の間に高まっていく。

ここで「１９８６年」という年に注目してみよう。

旧農業基本法（１９６１）から昨年（２０１１）までの半世紀を、ちょうど中間で分かつ年である。１９８６年、前年のプラザ合意により、先進国の協調介入による円高・ドル安への誘導が行われていたことを背景に、４月に「前川《まえかわ》レポート」（国際協調のための経済構造調整研究会報告書）が提起され、経済界や政界で注目されていた。夏には、いよいよ生産者米価を引き下げようという気運が高まり、米価審議会では引き下げが答申された。

結果的に、農協等の農業関連団体の強い働きかけが奏功し、米価は維持される。この米価維持運動は、かえって国民の間に、米価の決定過程への不信感を高めることになった。農政審議会は、11月、「20世紀へ向けての農政の基本方向」を発表する。結局、翌１９８７年、食管史上はじめて、生産者米価が引き下げられた。１９８０年代後半の農政のテーマは、米等の流通自由化、貿易自由化ということになる。

１９８７年には、もう一つ大きな米政策の変化があった。それは「特別栽培米制度」が誕生したことである。これにより、食管法の枠組みの中であるが、農薬を減らして育てる等の特別な生産方法を導入して作った米は、国を介さずに直接販売することができるようになった。加えて、この頃に政府の買入米の中でも、従来は副次的な位置づけであった自主流通米が逆転し、すぐに圧倒的比率を占めるようになっていく。米流通全般において、〝産直〟的色彩が一気に強まった瞬間であった。

実際に、パルシステム連合会（当時首都圏コープ）と新潟県のＪＡささかみの米産直や、生活クラブと山形県の遊佐《ゆさ》農協（現・ＪＡ庄内《しょうない》みどり遊佐支店）の米産直は、１９８８年に本格的に開始された。いずれも特別栽培米制度を活用したものであった。生活クラブは、この取り組みを「自主食管」と表現したこともある。この点は最後にもう一度言及する。

3．農政改革と生協提言

食管のあり方が問われ、大きく変わった80年代後半を過ぎ、90年代に入ると農政全般が論議の的となる。[*4] 大きな契機として、１９８６年に開始されていたガット（ＧＡＴＴ、貿易・関税一般協定）のウルグアイ・ラウンド交渉がある。

１９９１年には、農業基本法が30周年を迎えたこともあり、農水省は新しい基本法についての検討を開始していた。ガット交渉を進展させるため、欧州共同体の共通農業政策で新方針が固められ、これを受け１９９２年に欧米間で大枠合意に至る。

実際にガットの「農業合意」が成るのは1993年12月である。これを受け、1994年4月にWTO（世界貿易機関）条約が締結される。WTOが設立されるのは1995年で、当初の協定は、1995年から2000年までの6年間について、関税を漸次引き下げていくルール等について合意したものである。2001年以降の枠組みは90年代後半に改めて話し合いの場をもつこととされた。

1992年に農水省が発表した「新しい食料・農業・農村政策の方向」や、1997年に政府に設置された「食料・農業・農村基本問題調査会」、そして同調査会答申を受け1999年に成立した「食料・農業・農村基本法」など、1990年代に入って本格化する農政改革は、「食料・農業・農村」をキーワードとする。この改革の要諦は、政府による関与（規制・統制）を縮小して競争環境に委ねる領域と、公共的なサービスによって支持する領域を切り分けることにあった。粗っぽく言えば、「農業」が前者、「食料」と「農村」が後者に属する。

ここでは、「農業」は品質・価格の両面で競争力をもつ「産業としての農業」を育成する課題、「食料」は食料の供給・流通を安定させる課題、「農村」は山間地などの僻地《へきち》を含めて生活条件を維持することとなる。

米を例にとれば、80年代前半までのシステムは、米価を高位に維持することにより、農家収入を確保し、食料生産を奨励し、農村も維持するものであった。70年代からは、米余りの中、財政支出を抑制するために強制的な生産調整（減反）を行った。

この仕組みでは、まず「農業」における生産・流通の革新者が現れにくい。さらに、財政を圧迫する。食管の場合は、米の管理にかかる費用も大きかった。また、消費者・納税者・都市住民の視線で見ると、市場が存在しないので、米の生産・流通の進歩や品質・価格面での革新がどうしても制約される。

加えて、米に対し消費者が支払う価格以外にどのくらい税金が投入されており、どのくらい食料の安定のために費やされ、どのくらい農山村の維持につながっているのか必ずしも分明でない点もある。

80年代後半からは、国際協調という視点からも市場が存在しないことは問題とされてきた。消費者の嗜好《しこう》の多様化や、財政の逼迫《ひっぱく》状況から、生産・流通については市場の仕組みに委ねていく改革が進められた。食料供給の安定化や農山村の維持という課題は、農業生産・農産物流通における競争原理の導入とは切り離し、別途の手当を行うことが基本方針となった。

これが「食料・農業・農村」と3点を並記する〝新しい農政〟の底流にある考え方である。90年代はこの考え方の確立に費やされ、２０００年以降、新しいＷＴＯの議題も視野に入れ、生産調整の段階的廃止など新しい農政の考え方の具体化が目指された。

この間、生協は、日本生協連の場で農業政策の提言等、活発にスタンスを表明してきた。80年代初頭は、70年代を通じた食料不安、狂乱物価の記憶から、〝食管堅持〟のスタンスをとった。ただ、物価上昇や社会保障支出の増加は消費者にとって大きな負担となっていたこともあり、嗜好《しこう》も多様化してきていたことから、米の価格決定や流通についての関心は高まっていた。

米価審議会委員を出していた１９８４年には、農水大臣が消費者米価を引き上げることに積極的な発言をしたことが報じられ、生協でも米価問題への関心が高まっている。１９８５年には日本生協連は「生協の米・食管に対する要求と基本方向（案）」を発表して討議に付した。ここから先述１９８６～87年の激動の年を経て、１９８８年には、「生協の食料・農業政策の確立に向けて」を提起し、米・食管、農産物の流通自由化については引き続き検討していく課題であるとした。

一方で、WTO条約の批准後、国の農政論議は進む。１９９８年、日本生協連は90年代半ばから検討してきた「食料・農業・農村政策に関する生協の提言」を発表した。これが、はじめての本格的な対外的農業提言文書である。新しい農政の課題を消費者組織としてどう考えるか包括的に示した。

２０００年以降は、新しい基本法が定めているように、５年ごとに国の「基本計画」の見直しが行われる。そのタイミングに合わせ、日本生協連も２００５年と２０１０年に提言をまとめて発表した。２００５年は、上の表現に即して言えば「農業」の産業としての強化をいかに実現するかが顕著な農政課題であった。一方で、「食料」・「農村」の課題も難しい局面に入っていた。

２００５年〜06年には、65歳以上の高齢者が半数を超え、集落の生活基盤が崩壊寸前にある「限界集落」の問題が広く取り上げられた。農山漁村の一次産業は低迷していた。

一方、「食料」については、食料自給率の低下傾向が注目された。２００６年実績が、カロリーベースで39％まで下がったことが２００７年の夏に発表された。国際的にも、２０００年代は、干ばつによる不作等の影響で穀物価格が上昇基調にあった。２００７年から08年にかけ、価格は暴騰した。これに重なったのが、日本生協連コープ商品の冷凍ギョーザで発生した農薬混入事件である。２００８年１月末の表面化であった。以後、同年秋に「リーマン・ショックと経済危機」の話題に置き換わるまで、食料自給率問題は沸騰した。

日本生協連は、２００９年６月、『全国生協産直レポート―私たちは日本の食の未来を創りつづけていきます』を発表した。１９６０年代以来、食料農業をめぐる情勢はめまぐるしく変転し、消費者の求めるものも変化してきた。生協産直レポートは、移り変わる時代の中で、産直事業が生産者との直結という方法によって課題に応えようとしてきたことを示している。とくに、主食用米を安定的に購入していく取り組みや、国産の畜産飼料を積極的に活用する取り組み、また、原料・燃料価格の高騰の中で生産者を緊急的に支援する取り組みなどに光が当てられている。2010年3月の日本生協連提言では、農協や生産者団体や食品事業者との連携を軸に、日本国内の一次産業の復興と地域の再生に結び付けていく事業方針が強調されている。

4. 生活協同組合の今日的地位

80年代後半は、世界的に、政府による公共サービスが縮小した時期である。市場（マーケット）の機能を通じて経済・社会を発展させていく考え方が世界を席巻したと言ってよい。国連が2012年を「国際協同組合年」とした背景には、この四半世紀の市場を指向するものの考え方がほころびを見せていることがある。この点との関連で、前節までに見てきたことを振り返って結びとする。

80年代後半以降、規制緩和、自由化の流れの中、米産直を典型に、民間での直結的な取り組みの自由度は高まった。

今日、欧米でＣＳＡ（コミュニティ・サポーテッド・アグリカルチャー）、つまり「消費者を含む地域コミュニティが支える農業」という言葉が知られるようになっている。その源流の一つに、70年代、生協と小規模の生産者団体が実践してきた産直提携運動がある。低成長、デフレの中、政府による公共サービスの維持・強化には限界がある。かつて崩れた食管制度のような考え方は維持しにくいし、支持もされにくい。その中で、民間で担っていける公共的な分野がある。

食料農業問題の文脈に置き直せば、食料供給の安定化や、農産物・食品の取引を通じ、地域の雇用や生活条件の維持に貢献していくことが課題である。この機能を、すべて計画経済的に維持しようとすると、消費者の選好を反映したものになりにくいし、政治コストもかかる。ここに、民間レベルの提携としての「自主食管」、または「ＣＳＡ」のメリットが存する。[*5]

今日的な食料農業問題に応えるさまざまな民間の提携の取り組みの多くは、60年代以降、政府管理や規制の影響が強かったメインストリームの食料品流通をかいくぐるかたちで綿々と続けられてきたものであることは先にも触れた。「自主食管」としての生協産直または生協の食品事業は、「旧い公共」が一旦否定された後を担う「新しい公共」としての側面を有している。

さらに、生協が発表してきた農業提言があった。

政府の食料農業政策については、自ら農業者と提携し、食料流通を担ってきた立場だからこそ言えることがある。政府が果たすべき公共的機能についても、どこまで政府が担保すべきか、どこから民間に委ねるべきか、生協は実践者の立場から提言してきた。ある面においては、政府の機能の縮小を求めることもあり、別の面では強化を求めることもある。

生協事業は、多数の利用者の参加・協議にもとづいて実践していることから、擬似的な公共の意味を帯びている。このことから、生協の政策提言は独自の意味合いを帯びてくる。この関係は、公的保険と共済についても言えるし、僻遠地《へきえんち》での公共的な買い物支援と、生協の「買い物弱者・フードデザート」対策事業の関係についても言える。もっと言えば、税でまかなわれる国家財政の執行と、協同組合の剰余金の処分（「不分割資本」を含む）についても当てはまるかもしれない。[*6]

80年代前半までの経済では公共部門の役割が大きかった。経済を運営する中で、社会保障的・再分配的な機能が経済と不可分のかたちで保たれてきたのである。低成長のデフレ経済のもとでは、競争的な部分と公共的な部分を峻別《しゅんべつ》して政府の役割を簡素化することが不可避となる。これは80年代以降に現れた新しい状況である。生協事業の特徴は、民間に委ねられた領域の中で、メンバーシップ・参加の原則に基づき事業を行う点にある。かつ、その経験の中から、公共サービスのあり方を問うていくのが生協の学習・提言活動と言えるのではないか。

以上、急ぎ足であったが、60年代以降の半世紀の食料農業問題を概観し、生協の産直の「新しい公共」としての側面に注目し、若干の試論的提起を試みた。

【注、参考文献】

＊1　流通革命期の食、農、世相については、岸康彦『食と農の戦後史』日本経済新聞社、1996年のほか、産経新聞〈戦後史開封〉取材班『戦後史開封―社会・事件編』（1999年、扶桑社）の中の「流通革命」の項を参照。また、流通革命とそれ以降の流通の状況と、生協業態論の交錯については、林薫平「生協業態論の展開」生協総研レポート67『生協論レビュー研究会報告書〔下〕』2011年8月（買い物弱者・フードデザート問題にもふれている）。流通革命の関連では、詳しくはこの「生協業態論」論文でふれている文献を当たられたいが、さしあたり伊東光晴『保守と革新の日本的構造』のみ挙げておく。1970年、筑摩書房。

＊2　カーソン女史の『沈黙の春』原著の出版は1962年で、すぐに『生と死の妙薬』として訳出された。後、『沈黙の春』として1974年に改訳が出版された。なお、本年（2

012年）は、半世紀の節目となることから、環境のテーマが浮上している。この点についてはたとえば、林薫平「里山、里海と協同組合―協同組合第7原則改訂案によせて」㈶地域生活研究所『まちと暮らし研究』第十五号、２０１２年６月。

＊３　時代の転換と農業政策論議の転換の重なり合いを素描した論稿として、林薫平「１９８０年代以降日本生協連の食料農業政策論」生協総研レポート61『生協論レビュー研究会報告書［上］』２０１０年３月。なお、佐藤優氏は、この転換を、「ケインズ型公平配分主義からハイエク型傾斜配分主義へ」と表現している。『国家の罠―外務省のラスプーチンと呼ばれて』新潮社、２００５年。

＊４　以下、前掲注＊３の拙稿「１９８０年代以降日本生協連」、また、『生活協同組合研究』２０１０年４月号の「日本農業・農村と直接支払い」特集、および『生活協同組合研究』２０１１年３月号の「明日の農業の担い手像」特集、それぞれへの筆者による解題文を参照。

＊５　この点に関連して、拙稿「産直と自給とＣＳＡ」を参照されたい。日本生協連『第８回全国生協産直調査報告書―地域と生きる生協産直』２０１２年２月。

＊６　関連して、生協方式の電力事業についても共通のロジックで解釈できると考えられる。『農業協同組合経営実務』２０１２年10月号に、生協方式の電力事業について、ここで

示唆した論点にもふれて寄稿する予定である。

3章 消費者問題と生協

日本生活協同組合連合会　渉外広報本部　国際部
小林真一郎《こばやししんいちろう》

はじめに

消費者問題は増加しており、各地の消費生活センターに寄せられる相談件数は、約10年間で2倍程度に増加している（1999年度46・7万件→2009年度90・2万件）。内閣府「国民生活選好度調査」によれば、消費者被害に遭ったとき、どこにも相談しなかったという人が33・7％おり、潜在的なトラブルはさらに多いと考えられる。

昨今ではIT化・国際化などの環境変化が進む中で、特に契約に関する消費者トラブルが急増しているが、このような消費者問題が発生する要因は、消費者と事業者の構造的格差（情報力・交渉力・経済力）にあると言われる。

これを防止・救済する方策は、行政による規制や相談・あっせん、事業者による消費者志向経営、消費者自身による学習、クーリングオフや消費者契約法などの法制度を活用した自力救済、といった多様なアプローチが考えられる。また、消費者をサポートする消費者団体の役割も重要になる。

生協は、言うまでもなく商品・サービスを供給する事業者としての性格と、消費者組織としての性格の両面を有している。消費者問題に対する生協の役割は、事業（商品・サービスの提供）を通じて消費者・組合員ニーズにこたえることだけでなく、消費者組織として、消費者視点に立った法制度をはじめとする消費生活の基盤づくりや、学習・情報提供を通じて自立した消費者（権利主体）育成に取り組み、くらしの安全・安心の実現に資することが役割と考えられる。

生協と消費者問題と言えば、食に関するテーマが長年の中心課題ではあるが、それ以外にも古くは物価引き上げ反対や灯油ヤミカルテル訴訟などに取り組み、90年代はＰＬ法や消費者契約法などの制定に署名活動等を通じて関わってきた。戦後の日本社会においては、消費者問題の変容とともに法制度などの消費者政策のあり方も変わり、消費者運動のあり方もそうした時代状況に対応して変化してきた。本稿では、消費者問題・消費者政策に対する主に２０００年以降の生協の取り組みと、消費者組織としての今後の課題について述べる。

1.「21世紀型消費者政策」と生協の活動

(1) 消費者保護基本法改正と生協

生協の消費者政策への取り組みが近年大きく進展する契機となったのが、2002年6月に内閣府・国民生活審議会でスタートした「21世紀型消費者政策」論議である。

これは、IT化・国際化・規制緩和の進展などの経済社会の変化、消費者被害の増大や複雑化、企業不祥事の多発という状況を背景に、消費者政策の基本理念や内容の抜本的見直しを図ろうとしたものであった。議論の中でも、消費者政策の基本理念の転換(従来は「行政の保護の対象」とされていた消費者の位置づけを、「〝消費者の権利〟を有する主体」に転換し、行政はその自立を支援する)、消費者政策の手法の見直し(行政による事前規制が中心であった従来の手法に対して、事後チェックを強化する)、法制度や消費者行政推進体制の強化、といった点などが大きな論点となった。日本生協連や各地の生協も、くらしの安全・安心の実現を求める消費者組織として、消費者団体や弁護士会などと連携しつつ、この論議に積極的に参画した。

国民生活審議会の議論は2003年5月にまとまり、消費者政策の基本法である消費者保護基本法は2004年6月、議員立法として全会派一致で「消費者基本法」として改正されるに至った。議論の過程では、日本生協連で毎回のように審議会に意見書を提出したほか、全国消費者団体連絡会（全国消団連）で「消費者保護基本法改正試案」が作成され、各地の生協でも学習会、議員要請、各都道府県議会への請願などの取り組みが進められるなど、生協・消費者団体による学習活動や政策提言活動が広範に行われた。その結果、消費者基本法は内容面でも「消費者の権利の尊重と自立支援」を消費者政策の基本理念とする、消費者団体の役割が法律に位置づけられるなど、消費者の要望が大きく反映されたものとなった。

「21世紀型消費者政策」論議は、消費者基本法制定以外にも、公益通報者保護法の制定（2004年）、消費者基本計画の策定（2005年）や消費者団体訴訟制度の実現（2006年）など、多くの成果をもたらした。これらの法制度の実現に向けても生協は政策提言や議員要請などを行ってきたが、多くの論点について意見が反映されたことが成果であり、各法案がいずれも国会で全会派一致で成立したことが特徴である。これは各県での生協・消費者団体の超党派での渉外活動の成果でもあり、国会で醸成された「消費者問題は政争の具にせず超党派で」という空気は、その後の消費者庁関連法の全会派一致での成立などにもつながっている。また、消費者基本法制定を契機に各都道府県でも消費生活条例の見直しが進むことになり、ここでも生協は各都道府県生協連を中心に政策提言や議員要請などを行い、消費者行政の前進に大きな役割を発揮した。

(2) 生協の組合員活動のメニューに「消費者問題」を

各地の生協では、食・環境・福祉・平和など、組合員による学習活動が多彩に展開されてきたが、そうした組合員活動のメニューに「消費者問題」を位置づけている生協は、従来多くはなかった。そこで日本生協連は、この消費者保護基本法改正の取り組みに代表される「21世紀型消費者政策」論議を契機に、署名や議会請願といった形の運動だけでなく、生協の日常的な組合員活動として消費者問題に取り組むことを各地の生協に呼びかけた。署名や議会請願はともすれば一過性の取り組みになりがちだが、消費者被害のない安全・安心なくらしの実現のためには、消費者自身がくらしの中から消費者問題を考えあい、日々の消費生活の中で適切な選択を行うなど、消費者の果たせる役割を発揮していくことが欠かせない。この頃に各地の生協で取り組まれた特徴的な取り組みが、「消費者問題ワークショップ」である。

ワークショップは2部構成になっており、第1部では参加者が、自分もしくは家族・知人の経験した消費者トラブルを出し合い、交流する。普段、くらしの中で消費者問題をテーマにおしゃべりをする機会は多くないこととあいまって、「このまえウチに振り込め詐欺の電話がかかってきて、『警察ですが、おたくのご主人が交通事故を起こして、ついては示談金を……』なんて言ってきて、一瞬頭が真っ白になったんだけど、主人に電話をかけ直して詐欺だと気がついた」「息子の携帯電話に不当請求のメールが来て、手続きしそうになっていたので慌てて止めた」といった例が次々と紹介され、「ウチの娘が外でエステのキャッチセールスに引っかかって……」「実は私も補正下着の訪問販売に遭って……」など、会場は笑いも混じりながら大変な盛り上がりになる。社会的テーマの学習活動の場合、講演会のような形だとどうしても〝他人事《ひとごと》〟的になり「一晩寝たらほとんど忘れてしまった」ということにもなりがちだが、ワークショップとして自らのくらしの中から経験を語り合うことにより、消費者トラブルが自分の身近にも多数及んでいる現状がリアルに認識される（特に、ベテラン組合員理事や常勤役職員の〝意外な告白〟が効果的である）。このように「消費者問題は他人事ではない」ことを体感したうえで、第2部として、参加者から出されたような消費者トラブルにはどう対処すべきなのか、相談窓口や消費者教育の重要性、クーリングオフなどの制度や消費者法のポイント・必要性などについて学び、消費者個人や生協・消費者団体の取り組みとして今後できることを考えあう。

こうしたワークショップのような取り組みからスタートし、消費者問題の学習活動や組合員・消費者への情報提供といった取り組みと、くらしを守る消費者行政強化の取り組みを両輪で進めていく動きが各地の生協で進んでいくことになった。

2. 生協の〝消費者力アップ〟と消費者被害防止のための取り組み

(1) 生協の〝消費者力アップ〟の取り組み

生協の、消費者問題などに関する組合員の学習活動は、近年では「〝消費者力アップ〟の取り組み」と称している。ひとりひとりの消費者が自立した市民として、「トラブルに対応できる力」や「情報を読み解く力」「自ら判断する力」などの「消費者力」を高めよう、という取り組みだ。

ひらたくいえば、例えばテレビで「納豆ダイエット」の特集があった翌日に街中の店頭から納豆が消える社会というのはいかがなものか、消費者ひとりひとりが情報の真偽を含めて冷静に判断し行動する力をつけましょう、といったことである。さらには、自身が学習するだけにとどまらず、消費者市民社会の形成に向けて、消費者・消費者組織として周囲や社会へ働きかけるという要素も重要になってくる。

消費者問題に関する「〝消費者力アップ〟の取り組み」としては、消費者トラブルとその対処法の学習会・ワークショップや、組合員の消費者トラブル体験アンケート調査、消費生活センターや相談窓口について生協機関紙を活用しての情報提供、といった活動が各地の生協で進められている。例えばみやぎ生協では、㈶日本消費者協会と協力して開催した「消費生活コンサルタント養成講座」の受講生を中心に、組合員による「消費生活研究会」を形成しており、学習会や出前講座などを進めている。内容も、寸劇やオリジナルの「消費者トラブル撃退ゲーム」を盛り込むなど、楽しく学べるよう組合員のアイディアが生かされており、組合員のつどいなどで活用されている。コープかながわでも、組合員による「消費者被害をなくそう会」がつくられており、出前講座などを通じて組合員どうしの教えあい・学びあいが展開されている。

「〝消費者力アップ〟の取り組み」について、最近では狭義の「消費者問題」にとどまらず、食品の安全や食育、環境、税・社会保障、子育てなどのテーマも合わせ、〝消費者力アップ〟シリーズ学習会として展開している生協も増えている。講師は地元の大学の先生や専門家、行政などに依頼するケースも多く、地域のネットワークづくりの観点からも有効な取り組みになっている。

（2）消費者問題への生協の多彩なアプローチ

上記の学習活動以外にも、消費者問題に対する生協のアプローチは多彩に広がっている。パルシステム東京やコープあいち、福井県民生協などでは、くらしの相談窓口を設け、消費生活センターとも連携しながら消費者相談に対応している。

また、消費者信用生協やグリーンコープなどでは、やはり自治体との連携のもと、相談・貸付事業を通じて、多重債務者救済などの生活支援の取り組みを行っている。

さらに、2007年には消費者団体訴訟制度が導入されたが、これは消費者団体の訴訟提起を可能にし、消費者団体が法的権限を持って事業者の行動を直接的に是正できるようになったという点で画期的な出来事であった。これにより、生協・消費者団体・弁護士・司法書士・消費生活相談員などの連携によって適格消費者団体が形成され（2012年7月現在10団体）、各地で事業者への改善申し入れや訴訟などの取り組みが行われている。また、政策提言や学習活動に取り組む消費者のネットワークも各県で形成が進んでいる。こうした適格消費者団体やネットワークの多くは、生協が事務局として支えている。そのようになった理由としては、活動や組織面（人材・財政）での継続性が他団体・専門家からも高く評価されたことなどが挙げられる。

上記のような活動は、いずれも消費者個人ではできない消費者団体ならではの活動であり、非常に公益性の高い活動と捉えられる。このような形で生協がより直接的に消費者問題に対応し、組合員の範囲（共益）にとどまらず、広く消費者のくらしの安定・向上に務めているという点でも、生協の公益性の発揮といえる。なお、こうした活動は採算的には持ち出しになる場合が大半であり、今後の活動継続のためには、このような生協・消費者団体の公益的活動に対して行政支援を追求していくことも重要である。

3．地方消費者行政強化に向けた生協の取り組み

（1）地方消費者行政をめぐるこの間の動向

　地方自治体の消費者行政部門は、消費者相談、事業者指導や法執行、消費者教育などを行い、消費者のくらしを守る重要な役割を担っている。しかし、近年の消費者相談件数の増加に反して、地方消費者行政予算・人員は、自治体全体のそれの削減幅以上にリストラされる状況が続いてきた。[注]

　このことは、自治体の中においても消費者行政の重要性が十分に認識されていないことを表している。従来、日本の行政においては産業振興が優先され、消費者行政は「ついで」の扱いにすぎなかったという要素が大きい。こうした状況に対し、生協では地方消費者行政の強化をはかるべく、前述の通り消費生活条例改正の取り組みを進めてきたほか、地域の消費者団体とも連携し、市町村消費者行政調査の取り組みも行ってきた。これは、消費者相談や消費者教育の現状、消費者行政の体制などの調査・ヒアリングを通じて、自分たちのまちの実情を知り、さらなる改善に向けて働きかけを進めようというものである。

　地方自治体の財政難もあり体制強化はなかなか実を結ばなかったが、このような状況に対して政府の問題意識が重なったのが、２００７～２００８年の福田康夫《ふくだやすお》内閣での消費者行政強化の動きである。福田首相は２００７年10月の所信表明演説で「国民の皆様が日々、

安全で安心して暮らせるよう、真に消費者や生活者の視点に立った行政に発想を転換し、悪徳商法の根絶に向けた制度の整備など、消費者保護のための行政機能の強化に取り組みます」と言及し、2008年の施政方針演説では「〝生活者や消費者が主役となる社会〟へ向けたスタートの年」にすると述べた。首相自らがこのように消費者重視施策を打ち出すということは前代未聞のことであった。

この消費者行政強化の動きは「行政のパラダイム（価値規範）の転換」とも呼ばれ、長年消費者行政の充実を求めてきた生協・消費者団体・弁護士会などの主張にようやく政府が追いついたとも言えるが、ともあれこうして突如、消費者行政への追い風が吹いてきた。地方消費者行政については国により3カ年（2009～11年度）の「集中強化・育成期間」が設定され、財政支援策として「地方消費者行政活性化交付金（活性化基金）」が都道府県・市町村に交付された（3カ年分として計230億円）。消費者行政分野において国が自治体に交付金をつけるという件は画期的なことであった。また、地方消費者行政の重要性と国による支援の必要性については、2009年の通常国会にて衆参両院に消費者問題特別委員会が設置され、消費者庁・消費者委員会の創設とともに大きな議論のテーマとなった。

この活性化基金をはじめとする地方消費者行政への追い風を契機に、市町村消費者行政訪問活動をはじめとする生協の地方消費者行政強化の取り組みは再度加速していくことになった。

(2) 生協・消費者団体の「市町村消費者行政訪問活動」の実際と成果

市町村消費者行政訪問活動は、前述の消費者ネットワークなどをベースにいくつかの都道府県で行われている取り組みである。生協組合員や役職員・消費者団体メンバー・相談員・弁護士・司法書士などでチームを作り、実際に市役所や消費生活センターを訪問する。消費者行政担当者と直接会い、現状や課題について意見交換する。

訪問してはじめて分かることがある。同じ消費者行政であっても、市町村によって施策の内容や充実度にかなりの差がある。市町村担当者もさまざまな問題意識や悩みを抱えている。実際の意見交換では、「消費者にとって役立つ広報・啓発のあり方や、活性化基金の有効活用についてアイディアを教えてほしい」「県や国に現場の声を届けてほしい」といった担当者の率直な声が聞かれた。地方消費者行政活性化基金のような話は自治体担当者にとってはありがたい反面、異動してきたばかりの担当者などにとってはどう計画を立てて活用したらよいのか分からない面もある。そうした時に消費者・住民の声が直接聞けるということは、担当者にとっても貴重な機会となった。また、各消費者ネットワークでまとめた市町村訪問の報告書は「施策のアイディア集」となり、相談対応における弁護士等の専門家活用、多重債務問題等での関連部署との連携、消費者教育・広報啓発の進め方など、市町村担当者から「他市の取り組みが分かって参考になる」との感謝の声が寄せられた。

こうした自治体との意見交換がきっかけとなり、自治体と生協との間で具体化した取り組みも数多い。自治体の出前講座をコープ会などの場で開催する、行事のお知らせ協力・開催協力が相互に進む（自治体の行事や学習会を生協のチラシやコープ会などの場でお知らせし、自治体が公民館などの活動場所を生協に提供）、意見交換に対応いただいた熱心な自治体担当者を生協の学習会に招く、自治体から生協に消費生活審議会への委員派遣要請、地域での高齢者見守りの取り組みについて自治体と生協（宅配センター）との協力が進展、首長懇談の実現などの具体的成果があった。また、地方消費者行政強化のためには、自治体自身の努力と、国による具体的な支援の双方が重要であるが、後者に関しては、例えば地方消費者行政活性化基金は当初は国の要件が厳しく、自治体のニーズに合っていないという問題があった。これについては、自治体との意見交換から分かった制度上の課題を生協・消費者団体からも国に指摘し、基金の制度改善につなげることができた。このように、自治体と消費者（住民）との協働により、双方にとってメリットのある成果が多数生まれている。

自治体と地域の実情に即した具体的な意見交換を行う上では、その市町村に住んでいる住民が参加して具体的なやりとりを行うことがポイントであり、各市町村に組合員がいる生協がこの活動に参加する意義はその意味でも大きい。さらに、市町村訪問活動は、参加した生協組合員からも「自分のまちの消費者行政について学ぶことができて良かった、市役所を初めて身近に感じた」「消費者・住民から自治体に働きかけ、よりよいまちづくりに向けて協働していくことの重要性を学んだ」などの感想が寄せられ、地域での消費者リーダーの育成にもつながっている。

4．消費者組織としての生協の今後の課題

（1）行政との協働の深化

本稿で述べてきたように、消費者問題に対する生協の役割は、今後とも〝消費者力アップ〟の学習活動と、消費者行政強化に向けた政策提言活動の両面を通じて、安全・安心なくらしづくり・まちづくりに資することである。取り組みを進めていく上では、行政との協働をより深化させていくこと、消費者運動を活性化させていくことが重要になる。

生協の「安全・安心なくらしづくり・まちづくり」という役割は、まさしく行政の役割でもある。消費者被害防止や消費者教育は生協・行政の双方に共通する重要課題であり、

生協はこうした課題について、行政とは違ったアプローチを取りつつも、行政との協働を深めながら対応していくことが今後ますます必要になる。そのあり方としては、より効果的な政策提言や、実際に消費者課題の解決につながる実践など、消費者組織としての強みを活かした具体的なアクションが重要になってくる。もちろん、こうした取り組みを深めていく上では、次項で述べる「消費者運動の活性化」（協働を担う人材育成）も重要課題である。

石川県消団連（事務局は石川県生協連）では、毎年市町村消費者行政調査に取り組み提言を重ねているが、その報告会を兼ねて、県と市町村の担当者、生協・消費者団体メンバーが集まる意見交換会を開催している。また、各県で形成されている消費者ネットワークでも消費者行政シンポジウムを開催したり、生協が取り組む首長懇談のテーマに自治体消費者行政を取り上げ強化を要望したり、といった取り組みが進んでいる。生協・消費者団体がこうした場をつくることにより、消費者行政の現状と課題について広く消費者に知らせる機会、消費者ニーズや先進施策事例を共有する機会となり、自治体と生協・消費者団体の、あるいは県と市の連携の改善にもつながっている。首長懇談が奏功してか、消費者行政専任課が設置されるなどの例も生まれている。前述の地方消費者行政活性化基金の制度改善の例もそうだが、このような取り組みは、消費者や自治体の現場のニーズを生協・

消費者団体が媒介して国や県に伝え、その結果地域の消費者行政がより良くなるという機能を果たしており、生協としては協同組合原則の「コミュニティへの関与」の実践と言うことができよう。

コープとうきょうが2010年度から始めた「消費者市民力アップ講座」は、前述の区市町村訪問とも連携した取り組みだ。この講座は、組合員が消費者被害の現状や消費者行政の取り組みを学び、地域での消費者と行政の連携のあり方などを考えあう講座である。講師には、区市町村訪問活動で出会った行政担当者の中で、特徴的な取り組みをしている自治体の方・熱心な方を招くという工夫がなされた。講師からは施策の先進事例について紹介いただくとともに、自治体にとっての課題、消費者・消費者団体の課題について率直な発言をしていただいた。そのうえで参加者間で「今後地域でやってみたいこと」「自治体と一緒にできそうなこと」などを考えあうワークショップを行ったが、講師からの率直な問題意識の披露もあって意見交換は大変盛り上がり、参加者にも好評な企画である。参加者にとって、行政との協働の重要性を理解し、市民の立場でよりよいまちづくりのためにできることを考えあうきっかけの場となっている。

なお、消費者行政について国レベルでは、2009年9月に、消費者行政を一元的に推進する司令塔として消費者庁が、有識者による消費者行政の監視・提言組織として消費者委員会が創設された。消費者庁の創設は消費者団体や弁護士会にとって長年の悲願であり、「消費者主役の行政への転換」に向けたエポックといえるが、仕組みは機能しなければ意味がない。現時点では両組織とも当初の期待に十分応えているとは言いがたい状況であるが、生協・消費者団体としては今後いかに両組織を「叱咤《しった》激励」し、協働を深めていけるかが課題である。

消費者運動が「反対型から提言型へ」と言われて久しい。消費者団体が消費者の立場から意見表明をすることが重要となる場面は多いが、そうした際に「反対」だけでなく「消費者として、こうすべきと考える」を適切・具体的に示せないと、行政としては原案通り・現状維持に流れやすい。条例や審議会は機能してこそ意味があり、消費者教育や消費者への注意喚起なども積み重ねが重要だ。消費者政策に関わる人の中では「消費者行政は人しだい」という言葉があるが、消費者行政は成果を可視化しにくい分野ということもあってか、熱心な行政担当者が異動してしまったとたん施策が停滞するということも見られる。生協・消費者団体がより効果的な政策提言を継続的に行い、さらには行政との協働での取り組みを積み上げていくことが大切になっている。

(2) 消費者運動の活性化

消費者基本法第8条には、消費者団体の役割として、「消費生活に関する情報の収集及び提供並びに意見の表明」「消費者に対する啓発及び教育」「消費者の被害の防止及び救済のための活動」などが挙げられている。最近は「消費者主役の社会への転換」がうたわれ、国レベルでは消費者庁・消費者委員会の創設に至るなどの時代変化に伴って、消費者団体が政党や行政からヒアリングを受ける機会が増えるなど、消費者団体の社会的ポジションが高まってきている。今後、行政や事業者としても、施策や事業の展開にあたって消費者の意見を聴くことが課題となり、生協・消費者団体への期待は一層高まることが想定される。その一方で、消費者団体の現状は、メンバーの固定化・高齢化をはじめ、人材・財政面などにおいて厳しい状況にある。

こうした状況の中で、全国消団連では、中央と地方における消費者団体・消費者運動の活性化に向けての論議を約1年間かけて行い、「新・消費者運動ビジョン」を２０１１年5月に策定した。「新ビジョン」では消費者団体の機能と組織の強化をどう図るかがテーマとなり、論議の過程では消費者団体アンケートも行われたが、担い手の育成や財政基盤の確立は各団体共通の課題となっている。生協は他の消費者団体に比べると、人材・財政的には基盤を持っているということで、消費者運動の活性化の役割が期待されている。

活動における生協の強みとしては、学習や情報提供ができる場・ツールを持っていること、幅広い世代の人材がいること、県内あるいは全国のネットワークを持っていること、などが挙げられる。こうした強みを活かしながら、地域における消費者リーダーを育成していくことが生協の課題である。消費者リーダーに期待される役割としては、消費者運動の中心的担い手として地域の活動をリードしていくこと、他団体や専門家との連携の媒介役（ネットワーカー）となること、消費者の代表として審議会・意見交換会等での的確な発言ができること、などである。生協として消費者リーダーを組織的にサポートしていくことは今後とも重要であり、こうしたサポート強化の観点からも、地域での各団体・専門家とのネットワーク形成と活性化は引き続き重要である。

消費者運動活性化のためのもう1つの課題として言われているのは、消費者団体とＮＰＯ、あるいは消費者個人との連携強化である。これには、若い世代など従来の消費者運動に不足していた世代層との連携という意味もあるが、こうした層の持つ専門性との連携という意味も大きい。最近の注目すべき現象として、例えば情報通信（インターネット等）や著作権のようなテーマを検討する審議会などでは、熱心な個人（音楽ファンなど）が傍聴し、審議状況をブログやツイッターで紹介し論評するような動きが出てきている。消費生活の領域の広がりや消費者問題の専門化の流れの中で、ひとりや1団体であらゆる分野に精通することは不可能になっている。そうしたことからも、消費者団体の活動において、特定分野を掘り下げているＮＰＯ・個人などの専門性との連携は重要となってくる。

なお、消費者運動の活性化が求められる背景として、国レベルで消費者委員会が創設されたことは画期的な出来事であり、外すことはできない。消費者行政の監視・提言組織である消費者委員会は、従来の各省庁の下での審議会では形骸化しやすいことから、独立性の高い第三者機関として創設されるとともに、内閣総理大臣に対する勧告権限が付与され、専従事務局も配置された。この委員として消費者団体からも代表が入ったことで、消費者団体の政策形成への影響力が増大し、消費者団体の主張の実現可能性が高まったということができる。消費者委員会をどう支えるかという点は、消費者団体にとっても大きな課題であり、消費者団体から消費者委員会委員に出ているメンバーをどうサポートし、今後も消費者団体から委員を出し続けることができるか、成果を挙げられるかが課題となる。消費者委員会は消費者団体の要望で実現した組織であり、これをいかに実質化できるか、消費者団体の力量が問われる。

また、消費者団体訴訟制度の実現に続き、政府では現在「集団的消費者被害救済制度」の検討を進めている。この担い手候補として適格消費者団体も挙げられており、実効性ある消費者被害救済・公正な市場の形成に向けて、消費者団体のさらなる役割発揮が期待されている。行政だけで消費者被害救済を担うことは不可能となっている時代状況の中で、生協としてもどうこの制度を実現し、適格消費者団体の一員としてこの制度の活用にどう関わっていけるかについても準備が必要である。

おわりに

生協は、消費者団体・専門家との連携の中で、長年「消費者参加」「消費者意見の反映」を行政や事業者に求めてきた。これまで述べてきたように、長年の取り組みの成果として消費者行政の強化は着実に前進し、行政組織的・制度的枠組みは一定整いつつある。それに伴い、生協・消費者団体の活動ステップは年々前進してきていると言えるが、そのぶん生協・消費者団体の主張内容は社会的により一層の合理性・正当性が問われるようになってきている。また、「消費者の権利」を活かせる消費者の育成は、生協・消費者団体にとって永遠の課題である。一方で消費者団体の現状は厳しく、10年・20年後の日本の消費者運動・消費者団体の姿を描くことは大変な状況ではあるが、真に「消費者主役の社会」が作れるか、生協・消費者団体の提言力・行動力が試される。

【注】

消費者庁の調べによると、財政に関しては、地方自治体全体の決算が１９９８年度１００・２兆円→２００８年度89・7兆円（約11％減）のところ、地方消費者行政の予算は１９９８

年度163・8億円↓2008年度100・8億円（約39％減）。職員数については、地方公務員全体数が1998年度325万人↓2008年度290万人（約11％減）のところ、地方消費者行政職員数は1998年度1万172人↓2008年度5646人（約44％減）。

【参考文献】

『21世紀型の消費者政策の在り方について』内閣府・国民生活審議会消費者政策部会（2003）
「21世紀型消費者政策における生協の役割」日本生協連（『生協の「消費者組織」政策研究会報告書）』、2003）
『平成21年度版　国民生活白書』内閣府（2008）
『消費者行政推進基本計画』閣議決定（2008）
『ハンドブック消費者2010』消費者庁（2010）
『地方消費者行政の充実・強化のためのプラン』消費者庁（2010）
『新・消費者運動ビジョン』全国消費者団体連絡会（2011）

4章

環境・資源問題と生協

日本生活協同組合連合会　組織推進本部　環境事業推進室長

大沢年一《おおさわとしかず》

はじめに

東日本大震災による東京電力福島第一原子力発電所の放射能問題は収束の見通しが明確になっていない。２０１１年３月には東京電力管内で電力不足による計画停電が実施され、また今夏には東京電力と東北電力で契約電力５００kw以上の大口需要家に対する15％の「使用制限」など、事業者、国民向けの節電対策が実施された。今回の東日本大震災により、自覚や努力による省エネだけではなく、事業面でもくらし方でも電力の使用制限や大幅節電が求められている。また、事業やくらしと自然環境との関係のあり方も築き直しが必要になっている。

本稿は、日本生協連が２０１０年５月に決定した「２０２０年に向けた生協の新たな環境政策」をもとにしている。そのため、東日本大震災で突きつけられている課題まで言及できないが、今後、生協の環境・資源問題としてもエネルギー問題への積極的な関わりが必要になると考えている。

1. 公害から環境問題へ

（1）公害と公害対策基本法

１９５０年代から１９６０年代の高度経済成長政策による工業化の進展は、水俣病、新潟水俣病、四日市ぜんそく、イタイイタイ病の四大公害病に代表される「公害」を引き起こした。１９６７年７月に公害対策の基本原則を明らかにし、対策を総合的に進めるために公害対策基本法が制定された。公害対策基本法では大気汚染、水質汚濁、土壌汚染、騒音、振動、地盤沈下、悪臭を、典型７公害と規定した。法案審議の過程では生活環境の保全と「経済の健全な発展との調和」条項が問題となった。１９７０年のいわゆる「公害国会（第64回臨時国会）」でこの条項が削除され、公害関係14法案が成立し、１９７１年の環境庁の発足、１９７２年の自然環境保全法の成立と、日本の公害・環境問題への施策の土台が整備された。

また70年代の２度のオイルショックは狂乱物価として消費生活に大きな影響を与えたが、一方で大規模な工場等を対象にした省エネルギー法が１９７９年に制定され、エネルギー効率の良い日本の事業活動が推進され、現在では温暖化対策の１つにもなっている。

この頃、生協では公害反対の声をあげたり、70年代の「よりよい洗剤」運動での水環境問題や、「買い物袋持参」運動など、ゴミと資源問題につながる取り組みを始めている。

また、70年代後半からの二酸化窒素の簡易測定活動への生協の参加は、組合員による地域の環境調査のきっかけになった。

(2) 公害対策基本法から環境基本法へ

公害は地名を付けて表されることが多いように地域性があり、また汚染企業(汚染源)と被害住民という構図が比較的に見えやすかった。これに対して、80年代後半からクローズアップされてきた地球温暖化、オゾン層の破壊、熱帯林の減少、酸性雨、砂漠化、生物多様性の減少など地球規模の環境問題は、消費者のくらし方も原因の一つとなり、汚染企業(汚染源)と被害住民という構図だけでは捉えきれなくなった。こうした中、水俣病など未解決の公害問題を残しつつも、公害対策基本法は1993年に環境基本法へと変わり、公害問題はより幅広く環境問題として認識され、取り組まれるようになった。

全国の生協でも1990年前後の地球環境問題への関心の高まりとともに、後述するような環境政策の策定や環境問題への積極的な取り組みが始まった。

(3) 環境問題への世界的な取り組み

世界的にも50年代からの経済発展と工業化により、大気汚染、水質汚濁、廃棄物などが国境を超える問題へと拡大してきた。「宇宙船地球号」や「かけがえのない地球(ONLY ONE EARTH)」という考え方の広がりの中で、1972年に国連人間環境会議がスウエーデンのストックホルムで開催され、「人間環境宣言」と「環境国際行動計画」が採択された。また、ローマクラブの「成長の限界」も発表され、これらは世界の環境保全の推進に大きな役割を果たしている。

国連人間環境会議から20年後の1992年には国連環境開発会議（地球サミット）がブラジルのリオデジャネイロで開催された。ここで「環境と開発に関するリオデジャネイロ宣言（リオ宣言）」「アジェンダ21」などが合意され、現在の世界的な環境問題の中心課題である「気候変動枠組み条約」と「生物多様性条約」の署名が開始されている。

地球サミットには日本の生協の代表団として、全国から51名が参加し、日本の生協や市民団体の環境活動の紹介や、世界のＮＧＯとの交流を通じて地球サミット成功を呼びかけた。

2．生協の環境保全活動の経過

（1）事業と組合員が一体となった取り組み　～90年代～

①リサイクル運動

１９９０年前後から組合員の活動として牛乳パックの回収運動が全国の生協で取り組まれ、その後、事業として発泡スチロールトレイやペットボトル、卵パック、宅配個配のシッパーの内袋やカタログの回収、リターナブル瓶などへと広がった。特に、回収した牛乳パックがコープのトイレットペーパー「コアノン」として戻って来るわかりやすいリサイクルが組合員に支持されている。

②環境にやさしい商品など事業面の取り組み

１９９０年から日本生協連のコープ商品で「環境にやさしい商品（現在の環境配慮商品）」の開発と普及を始めた。認定した商品に環境統一マークを付け、日本でのタイプⅡの環境ラベルの先駆けとなった。特に再生資源の活用や詰め替え商品などの開発を進め、タイプⅠの環境ラベル「エコマーク」の普及とともに、商品の環境配慮を具体化する役割を果たしてきた。[*注] 90年代半ばからレジ袋の削減や有料化も本格的に取り組みが始まった。

③環境調査活動や外部との共同

組合員の活動として、省エネやゴミ問題でのくらしの見直し活動、環境学習などを積極的にすすめたが、90年代初めには、生協組合員による二酸化窒素、酸性雨、河川のＣＯＤ（化学的酸素要求量）などの簡易測定活動が全国の生協に広がった。市町村・都道府県・全国段階の汚染状況の集計や自治体への環境対策強化の要請を行った。組合員の環境測定運動を背景に、宅配のトラックを当時は窒素酸化物や浮遊状物質が少ないＬＰＧトラックの開発・普及が進んだ。

さらに、市民の風力発電建設、瓶のリユースの推進、地域の幅広い団体や人が参加した環境活動の推進など、生協が支援する環境NPOが設立された。また、リサイクルやグリーン購入などのNPOに生協としても参加している。

④環境政策づくり

こうした先駆的な取り組みは、1991年に日本生協連が最初の環境政策「生協の環境保全運動、その考え方と指針」を策定したことや、会員生協も環境政策の策定をすすめる中で進展した。また、事業と組合員が一体となり流通業界で先陣となった取り組みは、1995年の容器包装リサイクル法や1999年のダイオキシン類対策特別措置法の成立を積極的に後押しした。

（2）環境マネジメントシステムの導入と温暖化対策の強化　～2000年代～

①環境マネジメントシステムの導入

1993年に先進生協で自主的な環境監査制度が導入されたが、1998年から生協でのISO14001認証取得が始まった。2000年以降に全国の生協で一気に認証取得がすすみ、2006年度末には90生協まで広がった。認証取得の直後は、紙・ゴミ・電気の削減が中心課題だったが、「環境経営」の考え方のもとで、生協でも本業に役立つISO14001を重視するようになっている。さらに、最近はISO9001をはじめコンプライアンス、苦情対応、食品安全、社会的責任、情報セキュリティなども組み込んだ統合（総合）マネジメントを志向、導入する生協が増えている。

②温暖化防止自主行動計画

90年代末から日本経団連による温暖化対策の自主行動計画作りがすすんでいた。そこで2002年から日本生協連と会員生協で共同研究を行い、2004年度から生協の温暖化防止自主行動計画の策定を始めた。当初は「商品供給1点あたりCO2排出量」を原単位にすること、3ヵ年計画として毎年ローリングして策定すること、2004～06年度計画として「2002年度比で商品1点あたりCO2を8％削減」する目標を会員生協に提起した。また、温暖化対策に必要な費用負担に対応できる経営構造改革を一層推進すること、温暖化対策を事業計画に組み込みトップマネジメントとして推進することを呼びかけている。2007年度からは、原単位を「商品供給高1億円あたりのCO2排出量」に見直して削減を進めている。

2008年度から生協の温暖化防止自主行動計画は、厚生労働省によるフォローアップ（点検・指導）の対象となっている。厚生労働省には「商品供給高1億円あたりのCO2排出量」を2002年度比で2008～12年度の5年間平均で4％削減する目標を報告し、厚生労働省のフォローアップ委員会で毎年、点検・指導を受けている。厚生労働省によるフォローアップの対象になったことで、生協の温暖化防止自主行動計画は生協内部の計画から、国の京都議定書目標達成計画の中にも組み込まれる自主行動計画として、国の「公的」計画の一部へと大きく位置付けが変わり、社会的な責任は増大した。

③環境配慮商品

「環境にやさしい商品」は１９９８年に「環境配慮商品」と変わり、環境負荷を商品のライフサイクル全体で捉えることや商品ごとの基準作りをすすめた。環境配慮商品は家庭用品が大半を占めているが、他の分野の商品の環境配慮をすすめるために、有機ＪＡＳや特別栽培農産物などを「環境配慮食品」と位置づけて広げた。

④組合員の環境活動

組合員の環境活動は、家庭の省エネをすすめるために「1日エコライフ」「エコカレンダー」「電気ダイエット」など、より多くの組合員が参加できる省エネの取り組みや、「たんぼの生きもの調査」、植林など、自然環境の体験・学習ができる取り組みが広がっている。

3. 新たな環境政策の策定の背景

（1）地球温暖化・気候変動

地球温暖化の影響を緩和するには、世界全体で長期的（2050年）には温室効果ガスを半減化（先進国では80％削減）し、中期的（2020～25年）には20～30％削減することが必要とされている。政府も温暖化対策基本法案で、条件付きながら2020年に1990年比で25％削減、2050年に80％削減と決めている（ただし、大震災後の2011年4月段階で、削減目標の見直しを環境省幹部や官房長官が示唆している）。こうした低炭素社会の実現のためには、現在の社会・経済システムのままでは困難。低炭素の新たな社会・経済システムへの転換や再生可能エネルギーの急速拡大、過剰消費から節度ある新しいくらし方の創造が必要になる。

（2）多くの種の絶滅や生態系崩壊による生物多様性の危機

地球温暖化や熱帯林伐採の影響などで、多くの種の絶滅や生態系崩壊による生物多様性の危機が起きている。生物多様性の損失は、人類の将来に大きな影響を与える。また私たちの身近な森林や河川、生物などの自然環境は私たちのくらしに不可欠であり、自然と調和し共生できる社会やくらし方が必要である。

（3）大量使用、大量廃棄、資源利用の著しい偏りや資源をめぐる紛争

地球規模での資源（水を含め）をめぐる紛争や資源利用の著しい偏りがある中で、日本ではリサイクルは進んでいるが資源の大量使用、大量廃棄がまだ続いている。天然資源の使用を抑制し、環境負荷を低減できる循環型社会の促進が必要である。

（4）持続可能な社会、そのための持続可能なまちづくりが必要

こうした課題を実現し、将来の世代の願いを満たしつつ、現在の世代の願いも満足させる持続可能な社会、そのための持続可能なまちづくりが必要。生協はそれらを率先実行できる事業と新しい消費者のくらし方を創っていくことが必要である。同時にこうした課題は事業効率の向上の課題でもあり、環境保全の取り組みの強化を通じて生協の経営改善・強化をすすめることが重要である。

（5）新たな環境政策の策定

日本生協連と全国の会員生協は、「自立した市民の協同の力で、人間らしいくらしを創造し、持続可能な社会を実現する」という21世紀の生協の理念に基づいて、環境問題を生協の根源的課題として位置づけ、率先して取り組んできた。21世紀の最初の10年間が過ぎ、前述の通り環境問題は生協はもちろん人類や地球の将来にとってもますます重要になっており、解決できなければ人類の存続にもかかわる最重要課題の1つになっている。

日本生協連と会員生協は、環境問題に対する今後の生協の展望を作り出すために、２００９年５月に「環境基本政策小委員会」を設置した。小委員会は、低炭素社会、自然共生社会、循環型社会に基づく持続可能な社会の実現に向けて、生協がその取り組みのトップ集団として環境負荷低減を経営改善・強化につなげることを目指して答申を作成した。答申は「２０２０年に向けた生協の新たな環境政策」（以下、「新環境政策」）として２０１０年５月に決定した。

4. 環境問題に対する生協の到達点と課題の概要

新環境政策では、環境問題に対する生協の到達点と課題の概要を次のとおり整理した。

（1）省エネ対策を進めているが、温室効果ガスの総量削減に向けて温暖化対策を格段と強化する

①生協の温暖化防止自主行動計画は61生協・５事業連合が策定し、計画に基づき省エネ対策を着実に進めている。

②今後、１９９０年比で25％の国の目標達成に向けて、事業者として温室効果ガスの総量削減や排出量の上限が求められる中で、現在の温暖化防止自主行動計画のままでは総量削減の方向は見出《いだ》せない。そこで、原単位での削減目標から総量削減目標に切り替え、

温暖化対策を格段と強化する。

③省エネ型へのくらしの見直し活動に2008年度は約66万人が参加したが、啓発の取り組みを一層大きく広げつつ、実際に家庭のエネルギーを減らせる取り組みが求められる。

（2）環境配慮商品の開発・利用を先進的に進めてきたが、商品の環境配慮や環境配慮商品について社会的に認知されたものへ見直す

①日本生協連の「環境配慮商品」は、事業者等による環境ラベルの先駆けとなり、供給高は179億円（会員生協の供給高で220億～230億円と推定、2008年度）となった。会員生協の環境配慮商品や有機・特別栽培農産物などを含めると約750億円と推定され、全国の地域生協の供給高の3％程度を占める。

②しかし、国際的な環境ラベルの規格への対応、エコマークなどの社会的に認知された環境基準やマークとの不整合、日本生協連と会員生協との基準の違いなどの不十分さがあり、組合員から見てわかりにくい。

③容器包装のリデュース・リユース・リサイクルの一層の推進、カーボンフットプリント、カーボンオフセット、生物多様性への配慮などが求められる中で、コープ商品の環境配慮と環境配慮商品の基準や表示について、社会的に認知されたものへの見直しが必要である。

（3）生協は流通業界で環境のトップランナーの役割を果たしてきたが、今後はトップ集団として他の先進的な事業者との切磋琢磨《せっさたくま》や共同の中で、取り組みのレベルアップをはかる

①生協は90年代初めからの環境保全の積極的な取り組みで、流通業界の環境のトップランナーとしての役割を果たしてきた。特に組合員の取り組みや、リデュース・リユース・リサイクルなど、くらしの中からの地域の環境保全への貢献は高い評価をされている。

②2000年代に入り、企業は地球温暖化対策などの環境対応を事業経営の重要課題に位置づけ、消費者へのアピールも進めてきた。大手流通も急速に環境や省エネ対応を強めており、事業者として生協だけに先進性があるとは言えなくなってきた。

③今後は他の先進的な事業者との切磋琢磨や共同の中で取り組みのレベルアップをはかり、生協の強みや特長を生かし、持続可能な社会作りのトップ集団として、組合員や社会の願いや期待に応えることが求められる。

5．新環境政策で掲げた課題

（1）全国の生協の温室効果ガス総量削減

長期計画

①２０２０年度の全国の生協の温室効果ガス排出量を、２００５年度（85万トン）から30％削減し60万トンにする。
②そのために、以下の対策を行う。
ⅰ　店舗をはじめ施設や車両等の省エネ対策を徹底し、ＣＯ２排出量を12万トン削減する。
ⅱ　国や自治体に対して、ＣＯ２の総量削減や再生可能エネルギーの普及促進のための政策提言を積極的に行い、また再生可能エネルギー普及促進の取り組みを積極的に進める。
ⅲ　ⅰ・ⅱの対策を最大限実施した上で、なお目標に不足する場合はカーボンオフセットによって削減する。

政府は１９９０年比で２０２０年に25％削減を目標案としている。生協では１９９０年のデータがないことから、温暖化防止自主行動計画として安定してデータが捕捉できるようになってきた２００５年を基準年にした。１９９０年比25％削減を、２００５年比に換算すると30％削減になる。つまり、２００５年度比で２０２０年度に30％削減するという生協の目標は、政府の25％削減と同じ目標を掲げるという意味を持っている。
この目標は事業拡大をしても温室効果ガス排出量を総量で削減するという非常に高い目

標であり、特に積極的な出店や物流センターなどの大型施設の新設を予定している生協にとっては大変厳しい目標である。この間、温室効果ガスの排出量を20〜30%削減できるエコストアのコンセプトをまとめてきたが、今後の新店はこうした店舗が必須になってくる。店舗に比べると供給高あたりのCO2は相対的に少ない宅配事業であるが、配達のトラックのCO2をどこまで減らせるかがポイントとなる。

総量削減目標の達成のためには、現実的にはカーボンオフセットの活用も必要になってくる。会員生協では京都クレジットと呼ばれる国際的な排出権を購入し、新店や物流施設のCO2をゼロにしている生協がある。日本生協連では2010年度に「カーボンオフセット研究会」を設置し、生協でのカーボンオフセットの考え方を中間報告としてまとめている。

【追記①】全国の生協の温室効果ガス総量削減長期計画の策定作業の延期について

東日本大震災により、政府の2020年度の温室効果ガスの25%の削減目標の見直しが示唆されている。また東京電力福島第一原子力発電所の停止、福島第二原子力発電所、東北電力女川《おながわ》原子力発電所をはじめとした原子力発電所の停止などにより、電力のCO2排出係数の見通しが不透明になっている。全国生協の温室効果ガス総量削減長期計画は、こうした政府の25%削減目標や電気事業連合会の電力の排出係数を前提にしている。そのため、当初の予定通り策定をすすめることはできないと判断し、計画の策定を一旦延期することを２０１１年5月に決定した。

今後、政府や電気事業連合会の動向、温室効果ガス削減の諸制度の動向、２０１１年度に日本生協連で取りまとめる原子力発電を含むエネルギー政策などをふまえて、環境政策推進委員会で総量削減長期計画の見直しも含めた検討を行う予定である。

総量削減長期計画の策定作業は一旦延期したが、総量削減を目指した温暖化対策の課題は引き続き強化することが必要である。２０１１年度は会員生協と共同して、従来店舗比で20％削減できる「エコストア」１号店の省エネ効果の検証、30％削減できる「エコストア・コンセプト」の具体化、宅配トラックのＢＤＦ（バイオディーゼル燃料）使用上の留意事項、家庭の省エネのクレジット化の研究なども行う。また、再生可能エネルギーの固定価格買取制度の活用による発電の取り組みやグリーン電力の活用などを会員生協に呼びかけながら、国や行政に対しては再生可能エネルギーへのシフトを大きく促進することを求めていく。さらに会員生協では改正省エネ法の中長期計画の目標達成も含めて、総量削減に向けた省エネ対策を引き続き強化して取り組むよう呼びかける。

東京電力、東北電力管内での２０１１年夏の大口需要家（契約電力５００kw以上）に対する使用制限を含むピーク時間帯の15％節電は、２０１１年の夏だけの問題ではなく、中長期的な全国の問題として捉えて、事業やくらしの中での節電は当たり前であり、節電をＣＯ２削減につなげる。

【追記②】エネルギー政策の転換をめざして

日本生協連は福島第１原子力発電所の事故をふまえて、２０１２年１月に「エネルギー政策の転換をめざして」を決定した。この中で、①原子力に頼らないエネルギー政策への転換、②省エネルギー（節電）による使用電力量の大幅削減、③再生可能エネルギーの急速拡大、④天然ガス火力発電へのシフト、⑤電力・原子力に関わる制度改革と次世代送電網の構築の５項目を重点課題として取り組むこととした。

（１）今後の商品事業の環境配慮の方向

①持続可能な社会をめざした「低炭素社会」「自然共生社会」「循環型社会」の３つの視点で取り組む。

ⅰ　低炭素社会をめざして、商品のライフサイクルの各段階でＣＯ２削減マネジメントを進める。その結果の１つとしてカーボンフットプリントに取り組む。

ⅱ　生物多様性が保全された自然共生社会へ向け、農林漁業生産者との提携の経験を基盤に自然共生をめざす商品を育てる。

ⅲ　循環型社会をめざして、リサイクルループの取り組みを拡大する。

②環境配慮商品については、エコマーク、有機ＪＡＳ、特別栽培農産物、ＭＳＣ、ＦＳＣなど、社会的に認知された外部基準を日本生協連ＣＯ・ＯＰ商品の環境配慮商品基準として導入する。

カーボンフットプリントは、商品の原料の生産～製造・加工～物流～消費・廃棄というライフサイクル全体のＣＯ２を算定し表示することで、生産者にとってはよりＣＯ２の少ない事業を、消費者によりＣＯ２の少ないくらし方への情報提供を行う仕組みである。２００７年にイギリスでテスコが導入を開始し、その視察をした日本生協連を含む流通業の有志と日本ＬＣＡ学会の学識者による勉強会をきっかけに、２００８年度から経産省に研究会が設置され、２００９年度から試行事業が行われている。日本生協連のコープ商品では、２０１０年6月に洗剤のセフターＥにカーボンフットプリントを最初に表示し、２０１１年3月現在で、洗剤、食品用ラップ、ハムなど30品目がカーボンフットプリントの試行事業での認定を受け、これらの商品に順次表示をしていく。会員生協でも認定を受けた商品が出始めており、また経産省の試行事業とは別に独自のカーボンフットプリントを算定・表示する生協もある。

持続可能な漁業（ＭＳＣ）や林業（ＦＳＣ）、有機ＪＡＳや特別栽培農産物、沖縄のもずくや佐渡の米をはじめ、よい環境づくりや生態系の保全と商品が一体化している商品の開発と普及を積極的に推進していく。

日本生協連コープ商品の環境配慮商品の基準とマークの切り替えは順調に進行している。これまで日本生協連で環境配慮商品としていた商品でエコマークの対象にならないものがあるが、エコマーク事務局に要請して対象に加えられた商品もある。２０１１年度、日本生協連とエコマーク事務局では共同でエコマーク商品（日本生協連の環境配慮商品）の普及を行うことにしている。

（２）廃棄物の削減・ゼロ化をめざした生協の今後の取り組みの方向

①環境負荷低減、コンプライアンス、経済合理性の３つの視点を貫き、最終的に本当に廃棄（焼却処理・埋め立て）になるものを徹底して削減することをめざす。

②そのために以下の取り組みをすすめる。

ⅰ　組合員からの回収物と、事業からの廃棄物の分別・運搬・資源化（有価物化）など、廃棄物削減のトータルデザインを作成し、それに沿って、会員生協単独・複数生協の共同・事業連合・地域の流通事業者との共同等で、リサイクル（エコ）センターの設置をすすめる。

ⅱ　会員生協と日本生協連で共同して、廃棄物処理・再資源化業者の状況や、行政の指導・解釈に関する情報の収集・提供・交流が促進できる仕組みを作る。

iii　国に対して、優良な廃棄物資源化の仕組みや事業者については、一定の条件の下で産業廃棄物や一般廃棄物の収集運搬業・処分業の許可の要件の緩和や許可の対象外にできる廃棄物処理法等の特例を求める。

生協は容器包装の回収・リサイクルを先進的に進めてきたが、廃棄物処理法を順守するとともに、法律がリサイクルのブレーキにならないよう行政の理解をいただくことを重視してきた。生協のリサイクル（エコ）センターは、店舗や宅配で回収したトレイやペットボトル、シッパーの内袋、カタログなどの紙類を物流の戻り便で1カ所に集め、資源化して有価物として有利に売却している。この間、設置された生協のエコセンターでは、集めたものは資源である（廃棄物ではない）と地元の自治体で見解をいただき、廃棄物処理法の対象外として産業廃棄物の許可やマニフェスト伝票の処理が不要となっている。引き続き、生協が真面目にリサイクルに取り組んでいることを行政に理解いただき、こうした事例を広げることを目指している。そのためにも優良な廃棄物資源化の仕組みや事業者については、一定の条件の下で許可の要件の緩和や許可の対象外にできる廃棄物処理法等の特例を求めていきたい。

（3）今後の組合員の環境保全の取り組み方向

①今後の組合員の環境保全の視点

ⅰ　環境に配慮したくらしの見直しを一層強化

ⅱ　子どもたちや若い世代の積極的な参加

ⅲ　ふだんのくらしと持続可能な社会とのつながりを理解

ⅳ　社会とのネットワーク、社会への積極的な働きかけ

②持続可能な社会をめざした今後の組合員と生協の取り組み

ⅰ　低炭素社会にむけて、家庭のＣＯ２排出量の30％削減をめざす。

ⅱ　自然共生社会にむけて、自然に配慮し、自然と共生できるくらしをめざす。

ⅲ　循環型社会にむけて、リデュース、リユース、リサイクルの一層の広がりをめざす。

新環境政策ではくらしの見直しについて、「『買い過ぎ』『作り過ぎ』など過剰消費を見直し、自然と調和し、自然、季節、旬を上手に生かし、くらしに合った価値ある商品を適切に購入し、食べ切る、使い切る、ムダをなくすなど、節度ある新しいくらし方への理解を広げます」としている。大震災を受けて、「節度ある新しいくらし方」という視点の大切さを私自身感じている。

家庭の省エネでは、事業と同じ30％削減を掲げた。２００８～10年度、全国の生協で

「コープみんなでエコ！（地球温暖化防止1000万人のくらしの見直しキャンペーン）」に取り組み、多くの組合員が家庭の省エネに取り組んだ。30％削減は地道な省エネ努力だけで達成することは難しいが、省エネ努力に加えて今後10年間で車や大型家電を買い替える機会に、最新の省エネタイプにすることで達成可能な目標である。さらに、太陽光発電や太陽熱利用なども組み合わせれば大幅なＣＯ２削減につながる。こうした見通しを持ちながら、家庭の省エネ診断や家庭で削減したＣＯ２のクレジット化の検討なども含めて、家庭のＣＯ２削減をすすめる。

おわりに

東日本大震災による東京電力、東北電力の原子力発電所の停止に続き、中部電力浜岡原子力発電所が政府の要請を受けて停止した。また多くの原子力発電所で定期点検後の再稼働が遅れ、２０１２年5月には日本の全ての原子力発電所が停止した。電力不足は全国にも波及しており、今年の夏だけでなく中長期にわたる問題である。事業としても消費者のくらしとしても、当面の節電対策だけで済むものではなく、エネルギー使用の少ない社会と再生可能エネルギーの急速拡大が必要になる。そうした視点を踏まえて、全国の生協の温室効果ガス総量削減長期計画の見直しも含めた検討を行い、「２０２０年に向けた生協の新たな環境政策」を補強し、組合員と社会の期待に応えられる生協の環境保全の取り組みを進めていきたい。

【注】

ＩＳＯ（国際標準化機構）の定めた環境ラベルの分類：タイプ1は、第3者機関の認定したもの、タイプ2は、個々の事業者が定めた基準によるもの。

5章 地域福祉・高齢者福祉と生協の役割

日本生活協同組合連合会　組織推進本部　福祉事業推進部長
山際《やまぎわ》　淳《あつし》

はじめに

２０１１年６月開催の日本生協連総会において「日本の生協の２０２０年ビジョン」が決定された。全国の生協が目指すべき10年後の姿として「私たちは、人と人とがつながり、笑顔があふれ、信頼が広がる新しい社会の実現をめざします」とし、５つのアクションプランを策定した。

一方、日本社会は、急速に進行する少子高齢化、地域のつながりの希薄化、生活困窮者の拡大など、社会的なセーフティネットの再生が焦眉の課題となっている。

また、認知症高齢者と一人暮らし高齢者の増加など、高齢者介護の課題も年々深刻さをましている。地域住民に対し、保健サービス（健康づくり）、医療サービス及び在宅ケア、リハビリテーション等の介護を含む福祉サービスを、関係者が連携、協力して、地域住民のニーズに応じて一体的、体系的に提供する、日常生活圏域での「地域包括ケアシステム」の構築が求められている。

生協は、この間も地域福祉課題や高齢者福祉に事業や活動を通じて貢献してきたが、今後、更に厳しくなる状況の中、どうやって福祉課題、特に地域の日常生活課題や高齢者福祉へアプローチしていくのか、社会のしくみづくりにどう関わっていくのかが問われている。

また、生協福祉の取り組みは、従来の「組合員の互助的役割」から「地域福祉の中での役割発揮をどう強めていくのか」が求められる状況となってきた。

1. 生協福祉の歩みと到達点

(1) くらしの助け合い活動─組合員相互の助け合い活動として─

１９８３年にコープこうべで「くらしの助け合いの会」の活動が開始された。「くらしの助け合いの会」は、組合員同士がくらしの場での困りごとを助け合う活動として広がった会員制の組織だ。その後、地域購買生協の中に大きく広がり、現在、66生協（弊会で集約できた生協）が取り組む活動に発展してきた。くらしの助け合い活動は、その後、食事会・配食活動やふれあいサロン活動の立ち上げにもつながっていった。

日本生協連では、１９８８年「高齢化社会と生協の助け合い・福祉活動のあり方」研究会において、生協組合員の福祉の取り組みへのニーズと生協の役割を確認し、１９９２年

図表1　生協の助け合い活動の年間活動時間の推移
（1990年度から2011年度）

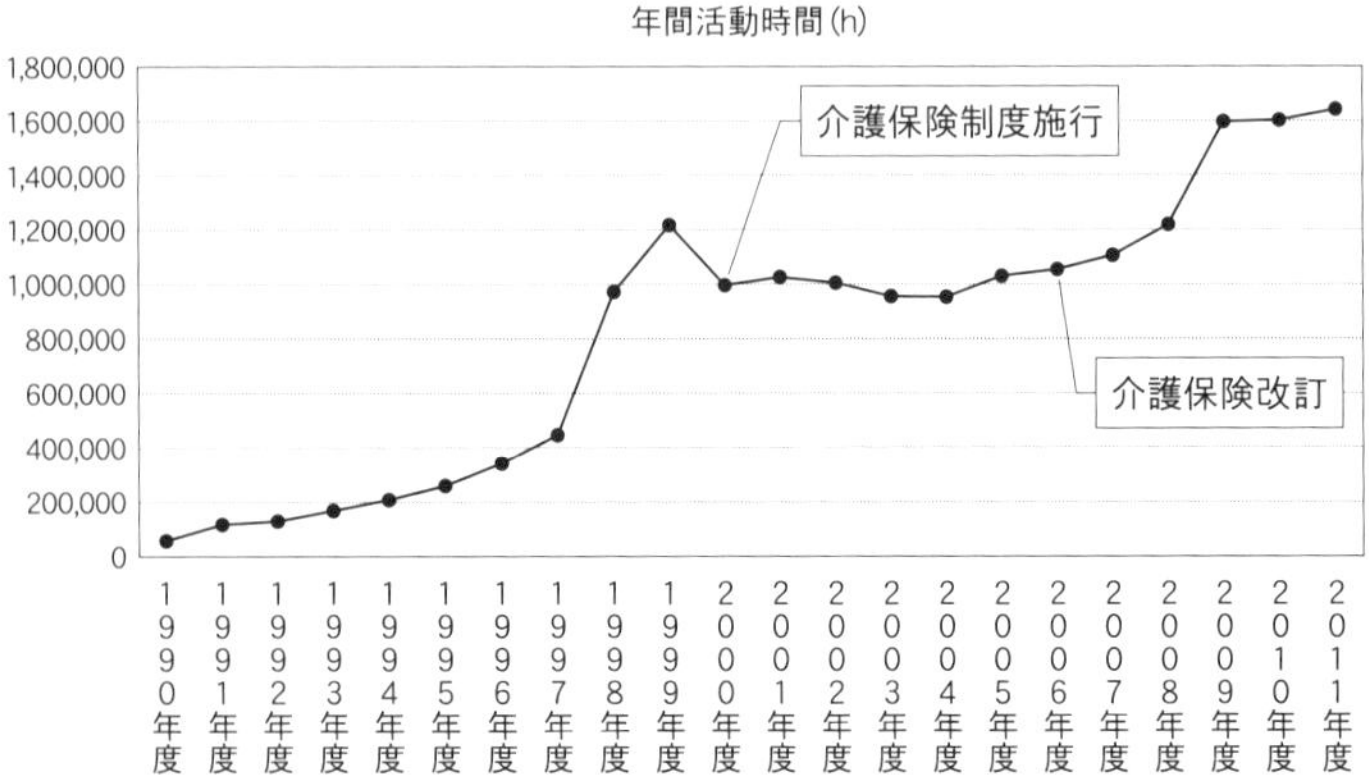

日本生協連福祉事業推進部作成

には「生協の福祉活動の現状と課題」をまとめ、全国の会員生協に対して、福祉活動の取り組み強化を呼びかけた。

くらしの助け合い活動の到達点（２０１０年度中間集約）

２０１１年度の生協の助け合い活動は、68の集約生協で活動時間数約１６４万時間、活動担い手数は約２５０００人となっている。活動時間数は、２００６年介護保険制度改定以降大きく伸長した。利用者からは介護保険外の福祉サービスのひとつと捉えられるようになり、活動内容もニーズの変化に対応して広がってきている。組合員の活動参加を広げるために会費制度を廃止するなど、「くらしの助け合いの会」の仕組み自体の見直しも行われている。

また、「食事会・配食活動」は、一人暮らしの高齢者にとっては、人との交流を図ることができる場となっている。「ふれあいサロン」は、地域住民が気軽に立ち寄れる居場所づくりの取り組みであり、高齢者のみならず、閉じこもりがちな子育て中の母親なども気軽に立ち寄れる場となっている。また、生協の施設や公共施設を利用して乳幼児と親が自由に集える場となる「子育てひろば」の活動も広がってきており、継続した活動が行政の信頼を得ることにより、行政の委託事業として常設型のひろばを開設するなどの広がりも生まれている。

くらしの助け合い活動は従来型の活動形態（くらしの助け合いの会を中心とした会員・会費制）に加え、新たな「生活サポート活動」の形態での活動も広がっている。これは寄せられるニーズを全て受け入れ、応援できる方を探すという仕組みで、生活の多様なニーズへより広く対応できることを目指しており、従来のくらしの助け合いの活動とあわせ、多様な形でのくらしの支え合いが開始されている。

（2）介護保険事業を中心とした福祉事業への挑戦

１９９８年、日本生協連福祉政策検討委員会[*1]は、福祉活動を基盤に福祉事業、特に介護保険事業への積極的な取り組みを呼びかけた。組合員による助け合い活動を基盤として福祉事業を開始した会員生協の多くは、２０００年の介護保険制度のスタートより、在宅事

図表2　日本生協連加入の会員生協の福祉事業

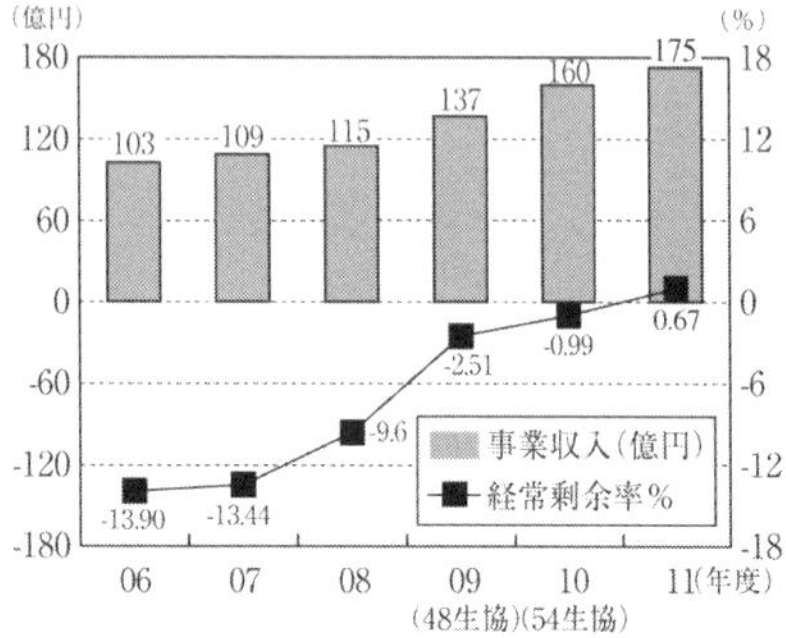

2006年度～2009年度は、地域購買生協（2009年度で、46生協）と福祉生協（同じく、2生協）を合わせた数値。2010年度より、地域購買生協（2010年度で46生協）、福祉・高齢者生協（4生協）、職域生協（4生協）を合わせた数値。

業を中心に事業展開をはかった。さらに、２００３年の福祉政策検討委員会は、『全国の会員生協が、供給事業、共済事業に続く「くらしの安心を創造するための第３の事業」として、福祉事業（介護保険事業）に積極的に取り組むこと』を打ち出した。

その後、２００５年度には、全国で49生協１１０億円を超える事業収入にまで、規模拡大がすすんだが、経常剰余率は▲10％を大きく超える赤字状況にあり、事業参入以降、損益確立がままならない状況にあった。

２００６年度、日本生協連福祉政策推進委員会は、生協福祉事業について『このままの状態が続けば、生協福祉事業の存続をかけた局面となりかねない』との現状認識の下、「福祉事業再構築プラン（２００７～09年度）」を策定し、会員生協と日本生協連が協同で、事業改革にあたる方針を掲げた。「福祉事業再構築プラン」に基づく、①地域事業戦略の策定、②既存事業の徹底した効率化、③福祉専門職のマネジメント力向上の取り組みが実を結び、2010年度には全国の生協合計で事業剰余段階において、黒字を達成することとなった。

2011年度、福祉事業に取り組む会員生協は、50生協（他に、生協を母体とした社会福祉法人が十数組織存在）、事業収入は全体で約175億円、前年比約107％の伸長となった。事業損益は、経常剰余段階で約＋0・7％となり、生協全体ではじめて経常黒字を達成した。

生協福祉事業は、利用者の尊厳の保持と自立支援を支える事業展開を、一貫してすすめてきた。利用者に対する予防的介護を通じて、くらしを支える積極的な役割を果たしてきた。また、生協を母体とした社会福祉法人では、特別養護老人ホームにおいて、まだ多床室が主流であった時代に、「ユニットケア」[*2]に取り組んだことは、高齢者ケアのあり方を見直す先進的役割を果たしてきたといえる。また、「介護の基本」[*3]を策定する社会福祉法人もあり、利用者が自分らしくくらし続けることができるよう、自立支援の為の具体的なケアのあり方を提唱するなど、先進的取り組みがすすめられてきている。

図表3　生協福祉活動助成事業の助成実績の推移（分野別）

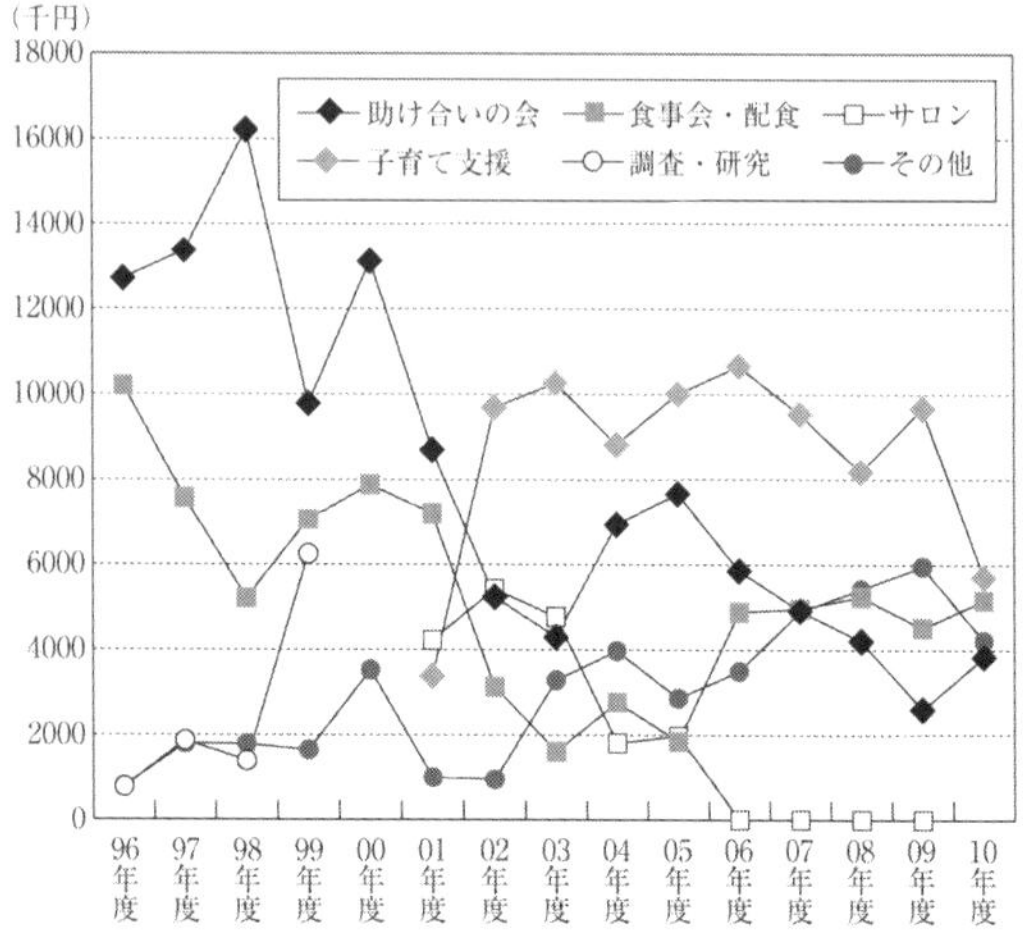

日本生協連福祉事業推進部作成

（3）組合員・地域住民を主体とした取り組み

組合員・地域住民を主体とした多様な取り組みも展開されてきている。

生協がＮＰＯの立ち上げをサポート・支援し、そのＮＰＯが地域住民・生活者のニーズに応えて活動する形態やワーカーズコープとしての法人を組織し、地域ニーズに対応し、働き方のあり方も含めた取り組みがすすめられてきている。

また、生協による助成金や基金等によって、地域福祉活動を支援する取り組みも行われている。生協が福祉ボランティア活動や子育て支援、障がい者支援などを行っている地域の団体や個人への資金援助や企画への参加、社会福祉法人の設立支援もすすめられてきた。

「生協福祉活動助成事業」による地域での活動の広がり

「生協福祉活動助成事業」は、１９９６年に日本生協連・ＣＯＯＰ共済事業の社会貢献の取り組みとして創設され、生協福祉活動の推進・強化に大きな役割を果たしてきた。この「助成事業」は、２０１０年度までの15年間に総額３億５５７７万円、助成生協数のべ５１７生協という実績となった。特に、２００６年度より開始された「第三次助成事業（２００６年～２０１０年）」では、活動テーマの第１に掲げた「子育て支援活動（子育てひろば活動）」において、２００４年度時点の41生協、１８１カ所の取り組みから、２００８年度には、53生協、３９０カ所の取り組みへと大きな活動の広がりを作り出してきた。

（4）地域福祉の取り組み、地域ネットワーク構築への貢献

行政・諸団体とすすめる防災・減災の取り組みもすすめられた。全国の生協では地方自治体との「緊急時における物資供給等の協定」をすすめ、いざというときのライフラインを支える取り組みを広げてきた。今回の東日本大震災においても、被災地生協を中心にその役割が発揮され、組合員の互助組織（共助）から地域になくてはならない「公助」の役割の一部を担うこととなった。地震や台風などの自然災害の発生に備えた活動として、ワークショップ「コープぼうさい塾／わがまち減災Ｍａｐシミュレーション」は、２００７

年に行った内閣府との活動を発展させたもので、ワークショップを共に行う中から、行政や地域の自治会、学校などと協同した減災の取り組みも生まれている。2008年度には、全国30生協130会場で取り組まれ、2300名が参加した。

福祉分野でネットワークを活用しての組合員ニーズへ対応していく取り組みもすすめられた。社会福祉協議会と生協の助け合いの会活動がつながり、地域で協働している生協も増加していている。また、より幅広い相談内容に対応すべく、生協が核になって恒常的に地域の中でネットワークを展開しているエリアや、県内の関係団体すべてに呼びかけ、政策提言を中心としたグループを結成、活動しているところもある。地域のNPO団体等がつくっているネットワークに加盟し、組合員からの問い合わせ・要望に対応する活動もはじまっている。

医療生協との双方の強みを活かした「まちづくり」をすすめる取り組みも開始されてきている。地域購買生協と医療生協のそれぞれの強みを活かした「まちづくり」がすすめられている。それぞれの組合員組織や購買事業と医療事業のインフラを活用し、地域の見守り活動や、いざというときの医療や介護の連携体制づくりが検討されている。

相談窓口を設置して、組合員・地域住民の困りごとに対応していく取り組みもすすめられた。地域の専門家・諸団体と連携しながら、組合員へのくらしの相談窓口を設ける事例も生まれている。また、高齢者の消費者被害を食いとめる取り組みもすすめられている。

さらに、貧困対策としてのフードバンクの取り組みや、多重債務問題に対応するため、生活資金の貸付やくらしの相談事業に取り組む生協も出てきている

(5) 福祉の視点で生協事業を見直す取り組み

地域における生協の事業インフラや組織を使った総合的な取り組みがすすめられ、「事業ネットワークを通じた貢献」や「福祉の視点で生協事業を見直す」取り組みが福井県民生協やコープあいちなどですすめられている。

さらに、生協の事業を通じた買い物支援等の取り組みが大きく進展してきた。買物に不自由している高齢者、障がい者、子育て家庭の支援のために、宅配事業の配達手数料の割引制度を設けている生協は全国で73生協。宅配事業は、買物の不便な地域の組合員に喜ばれており、買物に不自由している方の生活を支える役割を果たしている。また、店舗までの交通手段がない人への買物バスの運行や、店舗の商品を近隣の高齢者・障がい者等の自宅まで配達する買物代行の取り組みが行われている。また、移動店舗も11生協（47台）ではじまっており、行政との連携事例も出てきている。生協は食を中心に事業を展開しているが、バランスのとれた食生活のための商品開発、レシピ提案や食育のアイディア提供とともに、新たに配食事業などの新たなニーズ対応もはじまっており、現在（2012年6

月時点）までに33生協が事業展開を開始した。

宅配事業の職員による地域の見守りや安否確認の活動がはじまっており、コープこうべなどでは、行政との協定が結ばれている。また、店舗の施設を活用した福祉相談コーナーの設置や店舗の集会所を利用しての食事サービスやふれあいサロン活動も日常的に行われており、コープこうべやみやぎ生協では店内に地域包括支援センター[*4]の事務所を設置し、日常の買い物の中で気軽に相談できる場を設定している。

生協職員の人材育成の取り組み

今後急増する、認知症高齢者に対する正しい知識をもち、認知症の方々とともに安心してくらせる地域社会をめざして各生協では「認知症サポーター養成講座」が取り組まれ、生協職員の中で約１１０００人のサポーターが誕生している。さらに、サポーター養成講座の講師資格となる「認知症キャラバンメイト養成研修」の修了者は約８３０名が誕生している。こうした取り組みは、認知症の方が安心してくらせる地域づくりだけでなく、生協組織や職員組織の質的強化につながる内容ともなっている。

（6）社会的提言活動

身近な生活課題を中心にすえて、自分たち自身で取り組むワークショップ「ふくしdeまちづくり」活動が２００６年から行われている。住民自身が地域福祉の問題や課題について考え、解決に向けた取り組みをする活動で、自分の想いを出し合い、関心のある事項について調べ、考え、提案・提言を行政などに行っている。

介護保険法や制度に対する政策提言活動は、制度開始当初の2000年度より継続的に実施されてきている。2012年の介護保険制度改定に向けては、2011年に2度にわたる「生協の提言」を公表し、厚生労働省をはじめとする関係組織に働きかけを実施してきた。

2. 情勢変化（問題の所在）

（1）高齢化のさらなる進行、認知症高齢者の急増

2025年には、団塊の世代が75歳以上となり、高齢化率（65歳以上の人口が占める割合）は30・5％と約3人に1人が高齢者となる。現役世代2人に対し1人の高齢者という比率になる。

高齢者の内、病気やけが等で実際の日常生活に支障をきたしている人は全体の4分の1であり、4分の3の人は日常生活に支障はない元気な高齢者である。

また、認知症高齢者は、現在の200万人から2025年には300万人を超えると想定されている。今まで要介護高齢者を支えてきた家族状況も変化する。介護する家族の高

図表4　今後の介護保険をとりまく状況

①75歳以上高齢者の全人口に占める割合は増加していき，2055年には，25%を超える見込み。

	2008年	2015年	2025年	2055年
75歳以上高齢者の割合	10.4%	13.1%	18.2%	26.5%

②65歳以上高齢者のうち，認知症高齢者が増加していく。

認知症高齢者数の推計（%は65歳以上人口対比）

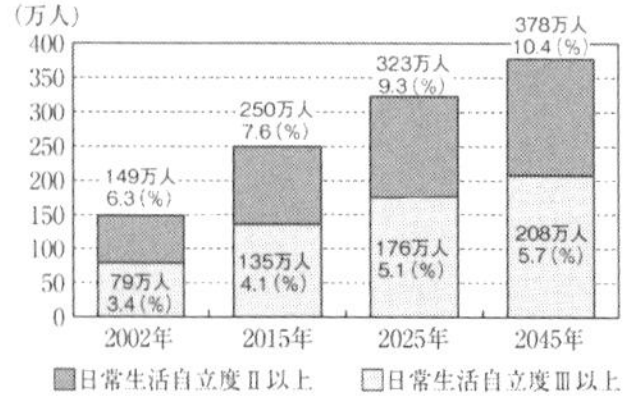

③世帯主が65歳以上の世帯のうち，単独世帯や夫婦のみの世帯が増加していく。

高齢世帯の推計
（%は高齢世帯のうち単独世帯及び夫婦のみ世帯の割合）

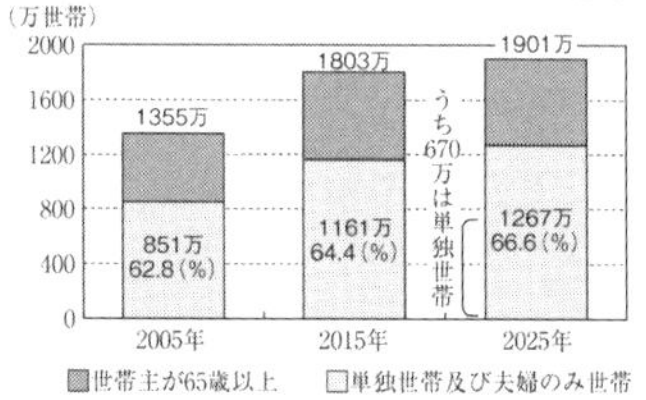

④首都圏をはじめとする都市部において，今後急速に高齢化が進む。

	埼玉県	千葉県	神奈川県	秋田県	山形県	鹿児島県
2005年時点での高齢者人口	116万人	106万人	149万人	31万人	31万人	44万人
2015年時点での高齢者人口 （括弧内は増加率）	179万人 （+55%）	160万人 （+50%）	218万人 （+47%）	34万人 （+11%）	34万人 （+10%）	48万人 （+10%）

出典：『社会保障審議会・第72回介護給付費分科会資料』より

齢化が進み、また核家族化・少子化の進行に伴い単独世帯が増加する。２０２５年には、高齢者の一人くらしは高齢者人口の３分の１になり、２０２５年には６７０万世帯となることが想定されている。

（2）地域のつながりの変化
～深まる孤立～

近所づきあいが年々薄れ、地域のつながりが希薄化してきている。内閣府の調査では、２０００年と２００７年の比較をみると、「よく行き来している」＋「ある程度行き来している」は54・6％と半数を超えていたが、２００７年では41・6％と４割近くまで減少した。

図表5　近所づきあいについての調査結果

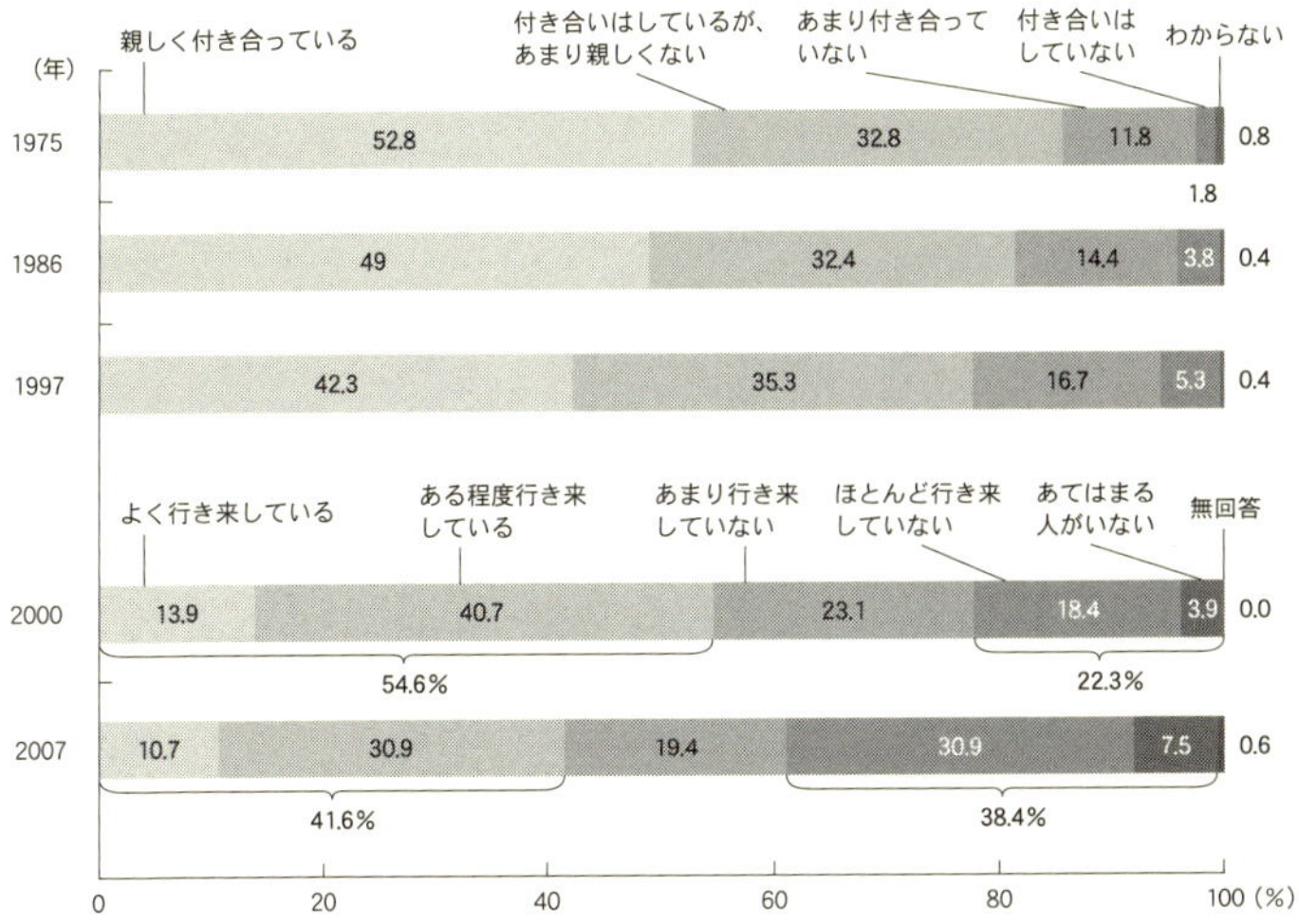

出典：内閣府『国民生活白書（平成19年度版）』P78より

（3）「日常の買物が不便」が高齢者の困りごとの一位

買物弱者が社会的問題となって久しいが、中山間地域はもとより、都市部でも、高台にある団地などで日常の買い物に困難をきたす高齢者等が多くなってきている。

２００１年と２００５年に内閣府が行った高齢者を対象とした調査では、「日常生活において一番不便だと感じていることは？」という質問に対し、２００５年では「日常の買い物」が１６・６％でトップになった。

買い物弱者問題は命の問題であり、社会構造の問題といえる。買い物弱者問題は、今回の震災においても、仮設

図表6　日常生活において一番不便だと感じていることの調査結果

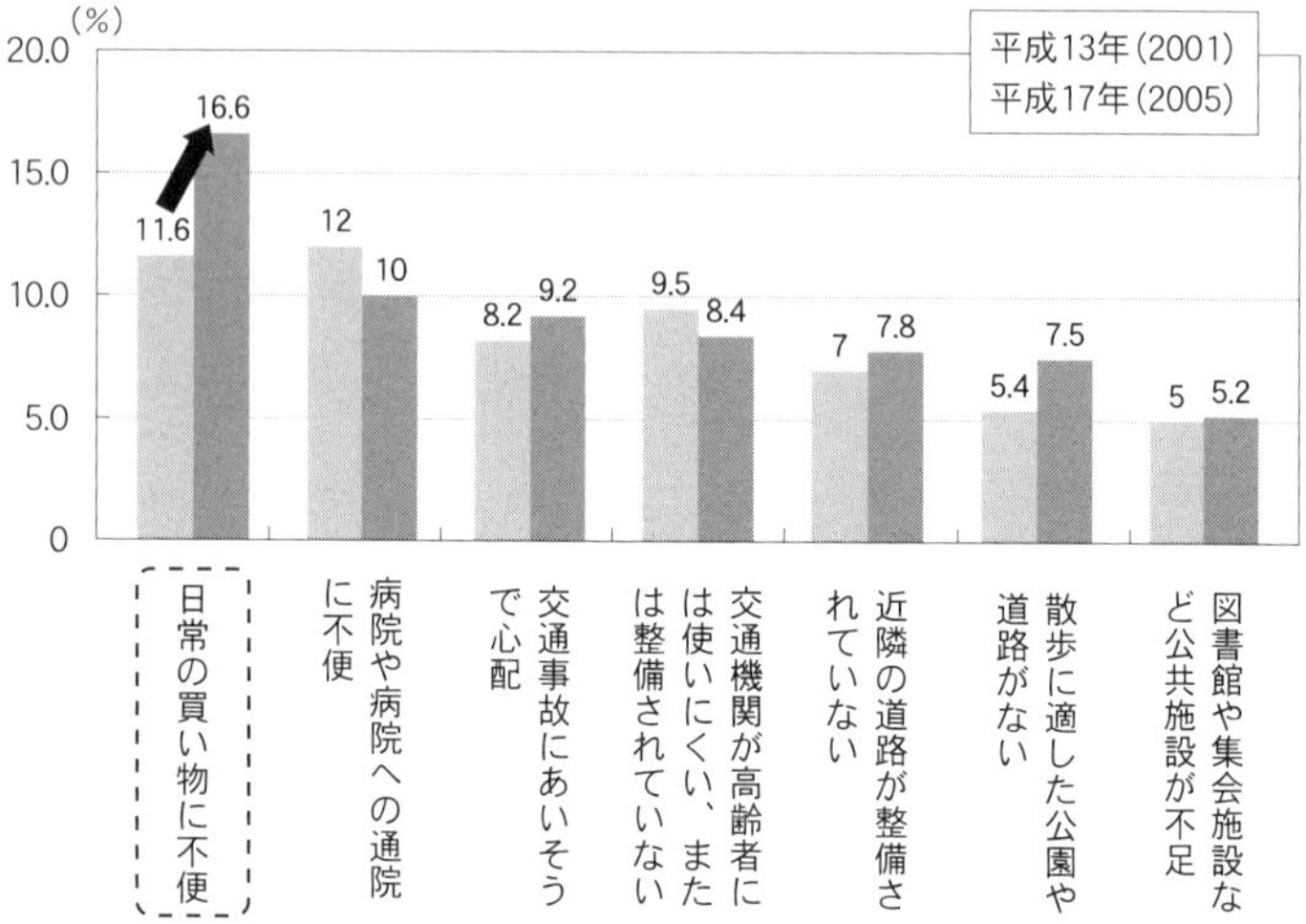

出典：内閣府『高齢者と生活環境に関する調査結果(平成17年度)』より

住宅での大問題としてクローズアップされた。

（4）広がる所得格差、すすむ「貧困」

１９８０年代以降、正規職員の割合は低下し、派遣社員・契約社員が増加している。２００８年度は５９４万人（１９８８年の３・８倍）で、全体に占める割合が11・6％になっている。

こうした非正規雇用者の拡大もあり、世帯間の年収格差は広がっている。政府は、２００９年秋、全国民の中での低所得者の割合を示す「相対的貧困率」[*5]が、２００７年調査で15・7％だったと発表した。これは経済協力開発機構（ＯＥＣＤ）がまとめた加盟30か国の中で（貧困率の高い方から）４位

図表7　正規雇用者と非正規雇用者の年収分布領域

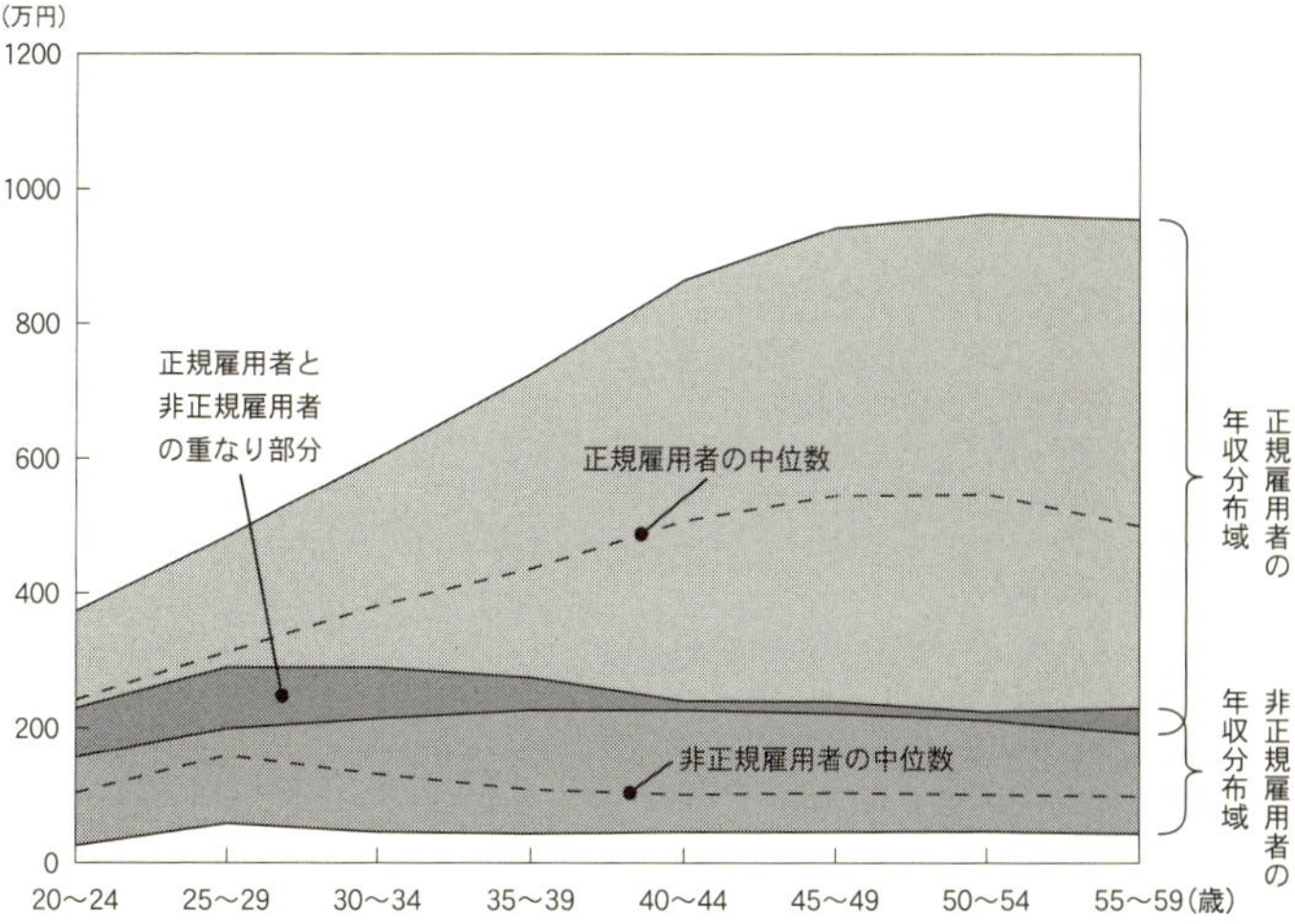

出典：厚生労働省『厚生労働白書（平成21年度）』P171より

で、２００４年のＯＥＣＤ調査の14・9％からさらに悪化している。

様々な要因で発生する格差や貧困問題は、個人の問題ではなく、社会全体で解決すべき課題であるとともに、誰にでも起こりうる問題となっている。

3. 生協の役割と今日的役割・課題

(1) 生活協同組合の特徴

生協は、他の非営利組織（社協、ＮＰＯなど）や一般企業と比べると大きな特徴がある。その特徴とは、「非営利目的の組合員の相互扶助組織」と「経済事業体」としての両面の性格を持っていることである。また、協同組合の使命、地域コミュニティへの関与をその目的のひとつとしていること。これは、一般企業でいう社会的貢献とは本質的に異なるものである。生協は、供給事業を持続させながら、地域の中で組合員のくらしに根ざした社会的な活動に取り組んできており、供給事業と諸活動が表裏一体の関係にあるという特徴を有している。

（2）生協が果たすべき役割

２００６年度日本生協連福祉政策委員会は、「（２０１５年に向けた）生協の福祉ビジョン」をまとめ、今後の生協福祉の発展方向として４つの視点を示した。また、生協の取り組み領域と地域ネットワークのあり方について、考え方を示した。

―「生協の福祉ビジョン」（2007年6月発行）より―

視点①「生協の特色を活かした総合的なサポート力の発揮」

生協が他の事業者・諸団体と違う点として、事業と活動の双方をもっていること、くらし全般にかかわっていること、主体的に参加する組合員組織がある点である。生協事業を通じた組合員・地域住民への役立ちとともに、特に、地域の中での「くらしの助け合い」などの共助・互助のしくみを主体的に作り出してきたことの意味は大きい。

視点②「地域ネットワーク強化による地域福祉づくり」

生協の取り組みだけでは、現在の組合員のくらしの幅広いニーズに対応することはでき

図表8　生協の福祉（活動・事業）の取り組み領域整理と地域ネットワーク

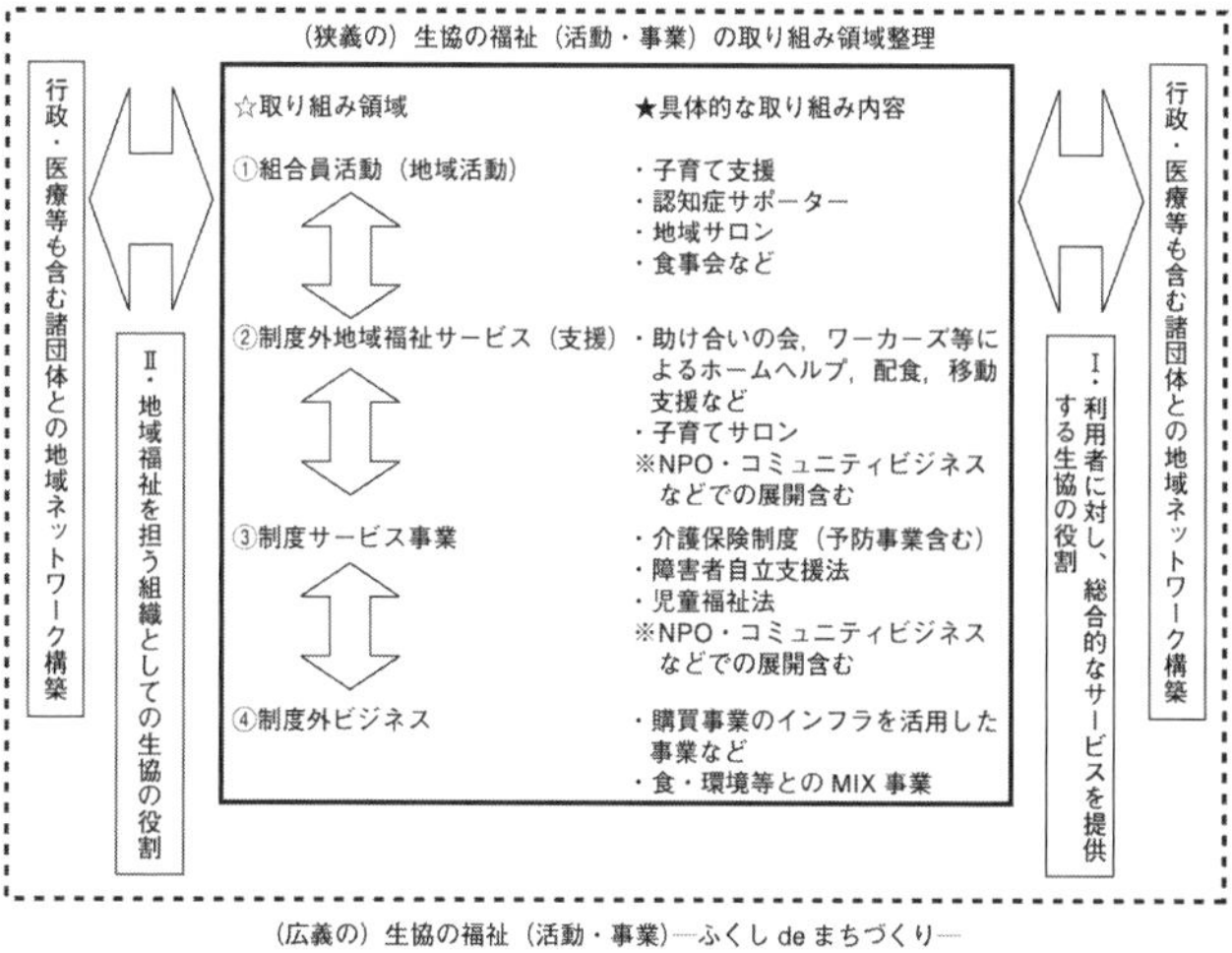

出典：『生協の福祉ビジョン―2006年度日本生協連福祉政策推進委員会』より

ない。誰もが安心してくらせる地域をつくりあげていくためには、各課題におけるネットワークの構築が欠かせない。生協は、行政・諸団体と連携・協力し、地域住民のニーズに対応していく取り組みをすすめてきた。

視点③「組合員（地域住民）が主人公となった新たな協同のあり方、参加の場づくり」

生協は、協同組合の第7原則[*6]の中で、「地域コミュニティへの関与」を掲げている。生協は、「組合員同士の相互扶助」という組織だが、現在1800万世帯が加入し、地域世帯総数の3分の1を組織する社会的存在となってきており、地域コミュニティに対する役割も重要となってきている。特に、NPO、ワーカーズなどの新たな地域の主体者を生み出し、育ててきた役割は大きい。

視点④「生協としての社会的役割発揮」

組合員のくらしは生協だけでなりたっている訳ではなく、地域全体がよくなっていくことで、組合員のくらしの向上が実現する。事業や活動を展開するなかで得られたニーズや意見を、消費者・利用者の立場で国や行政等に対して声を反映させてきた。

（3）今後の生協の重点課題

2010年には、「地域福祉研究会報告（2010年9月発行）」において、「生協の福祉ビジョン」4つの視点にそって、生協の重点課題が5つにまとめられた。

その重点課題5つにそって、今後の生協の課題を列挙する。

重点的役割①「事業（特に商品供給・食の分野）を通じて、組合員・地域住民のくらしをしっかり支えていくこと」

今回の震災支援でも明らかになったが、生協が持つ商品調達機能や物流機能は、地域にとっても大きな資源・財産といえるものである。災害時の緊急時対応は無論、日常生活の中で、地域住民の食をはじめとしたくらしを守る役割は引き続き重要な役割を担っており、さらにその機能を発展させる必要がある。

また、新たな（地域）ニーズへの対応としての、夕食宅配事業や買い物支援の移動販売事業、買い物代行事業、地域ステーションづくりなどの取り組みは、買い物弱者への対応にとどまらず、高齢者等への見守り機能や多彩な地域づくり（地域のつながり機能、商店街の活性化等）に貢献する事業となる。これらの取り組みの発展が求められている。

さらに、誰もが使いやすい注文の仕組みや商品・品揃え、店づくりなどを進め、事業のユニバーサル化の取り組みを広げることも重要となる。

これらのことを実現するために、生協事業を福祉的視点で見直すこと、それぞれの事業を連携させ、事業ネットワークを通じて、さらに組合員・地域住民への役割発揮を目指す取り組みが先進生協ではじまっており、これらの動きを大きく加速させることが必要である。

重点的役割②「生協が積極的にネットワーク形成に関わり、行政・社協・地域諸団体と協力しあえる場・仕組みを作りあげること」

生協福祉は、①利用者に対して、総合的なサービスを提供する役割と、②地域福祉を担う組織としての役割の2面を持っていることが特徴である。こうした特徴を生かして、「地域包括ケアシステム」などの地域におけるしくみづくりに参画することが求められている。

そのために生協として、「地域包括ケアシステム」構築に向け、①医療と介護連携、②認知症の方への対応力強化、③生活支援サービス拡充（配食や見守り等）、④介護予防とサービスの質の向上、⑤高齢者の住まい系事業への挑戦、等の検討が必要である。

また、このような取り組みと合わせて、①地域ネットワークへの参画と構築、②各都道府県、市町村で作成される介護事業計画（介護だけに留まらない福祉全体の計画）へ市民として参画をすすめること、③生協事業・活動を福祉の視点で見直すこと、ユニバーサル化の取り組みをすすめること等の検討も必要である。

行政、社協、地域諸団体とも連携しながら、宅配事業や配食事業などを活用して、地域での見守り機能を発揮することが必要である。

誰もが安心してくらせるまちづくりに向け、住民が自分たちの地域の諸問題を把握し、解決に向けた取り組みをすすめる「ふくしdeまちづくり」や「認知症でも安心してくらせる街づくり」「医療と介護が連携した街づくり」などに取り組むことも求められている。

今回の大震災の経験を踏まえ、それぞれの地域において、「防災を軸にした地域づくり」をすすめることが必要である。特に、災害発生時に被害を受けやすい高齢者や子どもなど社会的弱者を守るための日常的な備えが必要である。

重点的役割③「地域それぞれの実情にあわせた形で、かつ、組合員・地域住民が自発的に参画し、学ぶことのできる場を設定し、自己実現可能な機会・場面を提供すること」

社会的課題の学習機会や消費者力の向上の取り組みなどを広げること、自立した消費者市民として、くらしに関わる主体的な力を高める取り組みをすすめること、多様な参加の場作りをすすめることが必要である。

特に、団塊の世代が高齢者となる時期においては、元気な高齢者がより増えるため、自己実現の場の提供等、役割を発揮することが求められている。

重点的役割④「地域に見える形で日常的な相談窓口機能を設置し、日常の様々な生活課題にネットワークを活用し対応すること」

地域における日常課題については、どこに相談してよいかわからない、行政の敷居の高さ、たらい回しなど、課題解決につながらない状態が発生している。

地域の身近な存在であり、信頼感をもたれている生協として、地域のニーズに応えた総合的な生活相談活動は重要である。

また、組合員・地域住民の生活の再生事業として展開されている「生活相談・貸付事業」について、先進組織にも学ながら、行政や地域金融機関とも連携し、生協における生活相談・貸付事業について、検討をすすめる必要がある。

重点的役割⑤「地域課題へ具体的に取り組む中から、国や行政に対し、制度化・施策化のための働きかけを行うこと」

特に、高齢者福祉政策や介護保険制度について、「高齢者のくらし方を尊重」していくために、①高齢者の状態をＩＣＦ（国際生活機能分類）[*8]等の考え方も活用しながら総合的に捉えた上で、自立支援とＱＯＬ向上につながるサービス提供のあり方を検討すること、②介護保険制度サービスや介護保険外の生活支援サービス、福祉施策等を適切に組み合わせ、拡充するための制度改革・施策化を求めていくことなどが必要である。

おわりに

東日本大震災は、地震・津波・原発事故と未曾有の災禍をもたらした。被災者の生活や被災地域の再建という復興に向けた取り組みが継続されているが、高齢者などの生活弱者を守り、地域コミュニティをどう再生させていくのかが大きな課題となっている。

地域の復興をすすめる中で、「地域包括ケアシステム」を先取りした実現が目指されているが、被災地域も地域ごとに風土、習慣、産業、地域コミュニティに違いがあり、上からの画一的なしくみづくりではなく、地域住民が参画した形でのシステムづくりが求められている。

この間、被災地生協とともに全国の生協が被災者・被災地支援の取り組みを展開してきた。発災当初の緊急支援にはじまり、産地支援の取り組み、ボランティア活動、仮設住宅へのくらし応援、そして放射能問題への対応や避難者支援などである。今後とも全国の生協は被災者・避難者に寄り添った息の長い継続を継続する。

全国の生協による支援活動は、それぞれの地域において行政や社会福祉協議会、ＮＰＯ団体など新たなネットワークづくりにつながっており、こうした新たなつながりを生かしながら、地域福祉・高齢者福祉に果たす生協の役割は、ますます重要性をましてきているといえるだろう。

【注】

＊1　日本生協連福祉政策検討委員会：日本生協連理事会の専門委員会。生協の福祉活動・事業を促進するために、日本生協連が執行する総合的な福祉の政策と諸計画について協議し、その推進に資することを目的とする委員会。

＊2　「ユニットケア」：「配属された職員が患者・入居者・利用者の看護・介護・要望・苦情に迅速かつ柔軟に判断・対応ができるよう、規模を縮小した看護・介護の提供態勢」

＊3　「介護の基本」：社会福祉法人協同福祉会「あすなら苑」（奈良県）が作成した10の基本ケアをまとめたもの。

＊4　地域包括支援センター：介護保険法で定められた、地域住民の保健・福祉・医療の向上、虐待防止、介護予防マネジメントなどを総合的に行う機関である。各区市町村に設置される。

＊5　「相対的貧困率」ある国や地域の大多数よりも貧しい相対的貧困者の全人口に占める比率。可処分所得が全人口の中央値の半分未満の世帯員の比率で算出している。

＊6　ＩＣＡ（国際協同組合同盟）で定められた「協同組合のアイデンティティに関するＩＣＡ声明」に掲げられた7原則の内の第7原則「コミュニティへの関与」。「協同組合は、組合員によって承認された政策を通じて、コミュニティの持続可能な発展のために活動する」と定めている。

＊7　地域ステーション：地域の商店や生協の施設（宅配センター、店舗等）で、宅配商品を受け取ることのできる拠点のこと。

＊8　ＩＣＦ（国際生活機能分類）：人間の生活機能と障害の分類法として、２００１年５月、世界保健機関（ＷＨＯ）総会において採択された。この特徴は、これまでのＷＨＯ国際障害分類（ＩＣＩＤＨ）がマイナス面を分類するという考え方が中心であったの

に対し、ＩＣＦは、生活機能というプラス面からみるように視点を転換し、さらに環境因子等の観点を加えたことである。

【参考文献】

『日本の生協の２０２０年ビジョン』日本生協連（２０１１）
『生協の福祉ビジョン』日本生協連（２００７）
『地域福祉研究会報告書』日本生協連（２０１０）
『社会保障審議会・第72回介護給付費分科会資料』社会保障審議会（２０１１）
『国民生活白書　平成19年度版』内閣府（２００７）
『高齢者と生活環境に関する調査結果　平成17年度』内閣府（２００５）
『厚生労働白書　平成21年度』厚生労働省（２００９）
『生協の福祉ビジョン』日本生協連福祉政策推進委員会（２００６）

6章 リスク社会と生協共済

公益財団法人　生協総合研究所　研究員　松本《まつもと》　進《すすむ》

はじめに

２０１１年３月11日に発生した東日本大震災とそれに続く福島第一原発事故は、現代の私たちの日常生活が深刻なリスク、危険にさらされていることを再認識させた。また、ここ数年間に発生した「餃子事件」、「ＢＳＥ」、「牛肉生食・ユッケとＯ１１１中毒」など食品の安全問題は、「安全・安心」の危うさが露呈され、「リスク社会」の一端を見せられる事件であった。さらに、日常生活でも失業、貧困、病気、交通事故、火災、犯罪など、私たちのまわりには、一口に「リスク社会」といっても広範囲に多様なリスクのあり様を見ることができる。

『リスク社会を生きる』（橘木俊詔編、岩波書店、２００４年）によると、①経済学から見るリスクでは、人間生活の経済的な側面を扱い被害の補償策を考える「保険学」、「保険制度」、「セーフティネット」といったことが注目され、②社会学から見るリスクでは、チェルノブイリ原発の事故が発生した１９８６年に出版された『危険社会』（ドイツの社会学者ウーリッヒ・ベック）が古典ともいわれているが、グローバル化の中での新しい連帯の可能性を語り、環境、原発、食料問題など自然科学的リスクが取り上げられている。

また、③心理学から見るリスクでは、「リスクコミュニケーション」が重要なキーワードとなり、専門家まかせでなく、関係者間の「信頼」を確立することがテーマとして取り上げられ、そして④哲学・倫理学からみるリスクでは、考え方・思想の違いとリスク対策を分析されている。このように「リスク社会」は多様な角度から学際的にアプローチができるテーマではあるが、かなり広範な問題を含んでいる。

こうした「リスク社会」にあって、大規模な自然災害や原発事故、食品の安全に関わるリスクについては、リスクコントロールの技術を用いて「回避」＝リスクを冒さない、「損失制御（損失防止と損失軽減）」＝リスクを防止、軽減する、「結合」＝まとめてリスクを薄める、または「分離」＝リスクを分散するなどの手法が考えられる。が、リスクそのものを変えるのではなく、リスクによってもたらされた経済的損失や財務的影響を軽減する手法の一つとしてリスクファイナンシングの技術の「移転（転化）」に該当するものが保険や共済の役割の一つである。

本稿では、「リスク社会と生協共済」の括りで組合員の日常の生活の中で発生する事故や病気、災害のリスクに対して、生協の共済は、「移転（転化）」の手法で経済的損失をカバーする面だけでなく、心理的側面・精神的・情緒的側面の役割（エンパワー）もあることに注目し、組合員どうしの助け合いである＝生協の共済の果たした役割や生協共済の今後の課題などをまとめることとする。

1. 生協共済の現状

日本共済協会がまとめた２００９年度事業概要を見ると、主な日本の共済の実績は**図表1**のとおりである。会員数は、統合・合併により各団体とも減少し、６９２１会員となっている。

組合員数は、全国共済農業協同組合連合会（以下、ＪＡ共済）で６万人、生協の共済で89万人増加し、その他の共済で11万人減少し、合計では、84万人増加して７３０９万人となっている。

総資産は、約１兆７０００億円増加し、51兆２２６５億円に、契約件数では、主に全国生活協同組合連合会（以下、全国生協連）が91万件増加し、日本コープ共済生活協同組合連合会（以下、コープ共済連）が23万件増加した。一方、ＪＡ共済で52万件減少し、全国労働者共済生活協同組合連合会（以下、全労済）で75万件減少した。合計件数は、１億５３２０万件になっている。

図表1　日本の共済の概要

項目	JA共済	JF（漁業）共済	生協の共済	中小企業等協同組合の共済	その他共済	合計	生協共済の全体の構成比%
会員数（団体）	825	1,135	588	308	4,065	6,921	8.5%
組合員数（万人）	949	40	5,555	334	431	7,309	76.1%
総資産（億円）	446,633	4,751	57,515	2,188	1,179	512,265	11.2%
契約件数（万件）	5,491	74	8,728	266	761	15,320	57.0%
共済金額（億円）	4,075,757	56,757	5,344,810	100,790	1,649,573	11,220,687	47.6%
受入共済掛金（億円）	61,357	569	15,024	816	806	78,572	19.1%
支払共済金（億円）	37,404	545	7,842	473	377	46,641	16.8%

出典：共済年鑑2011年度版（2009年度事業概要）社団法人 日本共済協会p.4 - 5。
59の共済事業実施団体の協力を得てまとめている。

〈共済団体〉
JA共済：全国共済農業協同組合連合会。
JF（漁業）共済：全国共済水産業協同組合連合会。
生協の共済：全国労働者共済生活協同組合連合会（全労済）、日本再共済生活協同組合連合会（日本再共済連）、全国生活協同組合連合会（全国生協連）、日本コープ共済生活協同組合連合会（コープ共済連）、全国大学生活協同組合連合会（全国大学生協連）、全国共済生活協同組合連合会（生協全共連）、全国電力生活協同組合連合会（全国電力生協連）、ほかに労働組合生協共済団体8団体、職域生協共済団体9団体を含めている。
中小企業等協同組合の共済：全日本火災共済協同組合連合会（日火連）ほか5団体。
その他の共済：全国農業共済協会（NOSAI全国）ほか6団体。

共済金額（自動車共済・自賠責共済を除く）は、12兆497億円減少して1122兆687億円、受入共済掛金は、約1254億円増加して7兆8572億円、支払共済金は、3585億円減少して4兆6641億円となっている。この減少は、主にJA共済の養老生命共済および建物更生共済の満期共済金の減少等によるものである。一方、生協の共済は全体で支払共済金は、170億円増加している。

（1）生協の共済

日本の共済からJA共済やJF共済等を除いた生協の共済は、588団体／6921団体（8・5％）あり、厚生労働省管轄の消費生活協同組合法に基づき認可された共済団体として、主に地域展開組織として全労済、日本再共済生活協同組合連合会（以下日本再共済連）、全国生協連、コープ共済連、全国共済生活協同組合連合会（以下生協全共連）、職域組織として全国大学生活協同組合連合会（以下全国大学生協連）、全国電力生活協同組合連合会（以下全国電力生協連）、ほかに労働組合生協共済団体、職域生協共済団体を含めている。

組合員数では、５５５５万人（76・１％）、資産規模では、５兆７５１５億円（11・２％）となっている。契約件数８７２８万件（57・０％）、共済金額５３４兆４８１０億円（47・６％）、受入共済掛金１兆５０２４億円（19・１％）、支払共済金７８４２億円（16・８％）となっている。

日本の共済事業の中で生協共済は、総資産では全体の１割程度、受入共済掛金では、２割程度の構成比だが、組合員数では76・１％、契約件数でも全体の半数を超えていることがわかる。これは、小額短期の共済が比較的多い生協共済の特徴であり、重複も想定されるが、５千万人を超える組合員数は、生協共済が多くの国民・市民に普及されていることを示している。

（２）生協共済と民間保険

世帯の保険加入状況（個人年金保険を含む）についての統計としては、生命保険文化セ

図表2 保険・共済のシェア(世帯の生命保険加入状況)

項目	全生保	民保(かんぽ生命)	簡保	JA	生協・全労済
加入率(%)	90.3	76.2(5.7)	30.9	11.8	28.8
加入件数(件)	4.2	2.9(1.7)	2.2	2.3	2.2
普通死亡保険金(万円)	2,978	2,758(606)	676	2,292	861
払込保険料(万円)	45.4	37.4(24.9)	28.5	30.1	8.4

＊1全生保は、民保(かんぽ生命含む)、簡保、JA、生協・全労済を含む。
＊2全生保(従来ベース)と表記し、民保(かんぽ生命を含む)、簡保、JAの3機関集計。生協・全労済:生協・全労済の調査対象機関は、①全国生活協同組合連合会、②日本コープ共済生活協同組合連合会、③全国労働者共済生活協同組合連合会(全労済)の3機関であり、それらの機関および商品の総称として用いている。

ンター発表の２００９年度生命保険に関する全国実態調査(**図表2**)がある。日本の世帯の生命保険加入状況は、全生保(**図表2の＊1参照**)90・3％、民保(かんぽ生命含む)76・2％、簡保30・9％、ＪＡ11・8％、生協・全労済28・8％となっている。

この調査によると、生協・全労済を除いた全生保従来ベース(**図表2の＊2参照**)の世帯加入率は減少傾向が続いているとし、その要因については、世帯年収の減少など経済的な影響と相対的に加入率の低い高齢者世帯の増加によるものと分析している。

以上から、この間の生協共済の増加は顕著で、生命保険(共済)への世帯の加入率は簡保と並ぶ数値に近付き、民間保険全体の約3割を構成し、生協・全労済の払込保険料(掛金)は、全生保の約2割の構成比となっている。２００９年度から生協・全労済の数値が、この全国実態調査に新たに加えられるようになったのもこうした理由があるからである。生協の共済が国民・市民の事故や病気に対するリスクの移転に重要な役割の一翼を果たし、なくてはならない存在になっていることがわかる。

（3）主な生協共済の到達点

本稿では主な生協の共済として生協共済の組合員数全体の89％（4885万人）を構成する以下の4団体を中心に述べていくこととする。

各団体の事業報告から2009年度の加入推進の到達点を見てみると、全労済を除き、加入者を増加させている。しかし、全国生協連、コープ共済連とも伸長率は鈍化させており、厳しい共済加入推進状況となっている。大学生協の共済は、少子化の中でこれまでの加入数を維持している。

全労済「こくみん共済」

主体とする会員は47生協（2009年度）。1954年、大阪の労働者共済生協の設立（火災共済）に始まる労働組合中心の事業活動を行う。生協共済の草分けであり、職域の労働者層の加入を含めると生協共済の大御所と言える。1983年から一般市民向けに「こくみん共済」を開始、この間加入数は伸長してきたが、保有契約は2009年度10・4万件純減で695・7万件となっている。

日本生協連（のちコープ共済連）「CO・OP共済」

１５５会員（２００９年度）。１９５１年日本生協連設立。１９７９年CO・OP共済販売開始。１９８４年「CO・OP共済《たすけあい》」厚生省認可、新事業分野として、共同購入配達職員が中心となり推進した。１９９４年、10周年に１００万人突破、ライフプランニング活動（当初は組合員自身による保障見直し学習活動）も開始された。２００８年に分離して共済連を設立、６６９万人を超える加入者数となる。

全国生協連「県民共済」

１９７１年、首都圏生活協同組合連合会設立。１９８１年、全国生活協同組合連合会に変更して全国展開。１９８２年、生命共済事業開始。１９８５年、新型火災共済事業開始。宣伝募集はシンプルな新聞折り込みと各戸へのチラシの配布手法と掛金割戻しを重視し、２００９年契約者１８００万件。39の都道府県で共済を実施し、「県民共済」の名前はポピュラーであり、生協の共済の中で一般市民を対象にした加入者数はトップである。

大学生協連（のち大学生協共済連）

１９８０年、学生協同保険の共同購入開始、１９８１年、学生総合共済厚生省認可、生命共済を開始。１９８５年、火災共済（借家人賠償共済含む）、扶養者事故死亡の保障を開発、入学時に大学生協の加入と共済の加入を一緒に進める活動を展開。２０１０年、大

図表3　生協共済の概要

項目	全労済	コープ共済連	全国生協連	大学生協共済連	その他生協共済
組合員数（万人）	1,390	1,889	1,455	151	670
総資産（億円）	29,860	1,791	4,833	275	20,760
契約件数（万件）	3,253	671	3,593	94	1,117
共済金額（億円）	2,366,001	101,390	2,104,862	11,869	760,698
受入共済掛金(億円)	5,893	1,368	5,391	25	2,347
支払共済金（億円）	3,263	527	2,768	22	1,261

出典：2011年度版「共済年鑑」から。「生協と保険」2010年12月号

学生協共済連を分離設立。現在65万人の加入者を有する。学生同士の助け合いとして学生自身が進める共済としてもユニークな存在である。

（4）生協の共済のあゆみ

①戦前の共済（協同組合保険）

現在の生協の共済のルーツを探るとすると庶民の間にあった「結《ゆい》」「頼母子講《たのもしこう》」などがよく言われるが、近代的な保険数理に基づく共済のルーツといえば、戦前の産業組合時代に見ることができる。産業組合法は１９００年、明治33年に成立、交付された法律で（同じ年に保険業法も成立している）、信用、販売、購買、生産の４事業を掲げ、信用事業は他の事業との兼業を認めず、信用事業を重視し、出発した。その背景には、「中小業者がいかに資金不足に苦しんでいたかを反映している。それが金融＝信用組合と結びついたのであろう。やがて高まる保険志向も、庶民の生命・財産の保障だけにとどまらず、同時に付帯して発揮される金融機能への期待があった」（『共済事業の歴史』

坂井幸二郎）。産業組合が保険事業に意欲を持ち運動を始めたのが産業組合中央会第20回大会（1924年）からで、生命保険開始の決議を行っているが、この時点でも「保険事業実施により組合員の保障、福利の向上よりむしろ集めた保険料の資金力、金融機能に焦点があった」（『共済事業の歴史』坂井幸二郎）といわれている。保険事業は当時から保険業法で保険株式会社と保険相互会社のみに事業の免許を与え、協同組合にはこれを与えず、排除されていた。1935年に発表された『保険制度の協同組合化を主張す』（賀川豊彦《かがわとよひこ》論文）は、株式会社や相互会社により経営される生命保険にくらべ、協同組合による保険の経営がいかに勝っているか述べたもので、保険業法を改正し、さらに産業組合法に保険組合に関する規定を設けることを要望していた。共済＝協同組合保険が勝っている点は、以下のような点を主張した。

・多額の新規契約募集費改善（当時も保険の募集は無理な勧誘により解約率が新契約の35％と高かった）で保険料の低減化が図れる。
・組合員どうしの道徳的相互監視による新規加入時の逆選択による死亡率増加の懸念がない。
・既加入者には予防医療施設と早期診断で死亡率を低減し、死差益を増加させる。
・投資については、経営内容をよく知っている同志の産業組合に貸付けるので安全性もあり、利差益も大である。

以上のいくつかの点は、現代の生協の共済にも通じる重要な観点といえる。

しかし、こうした決議や主張を行い、また、産業組合での保険会社の買収などの試みがあったにも関わらず、残念ながら戦前に共済＝協同組合保険の実現はならなかったのである。

②戦後の共済（協同組合保険）1945年から1960年代

第二次大戦後、賀川豊彦らの努力で保険業法の改正にともない、「協同組合保険の事業を保険事業の一形態として加える案が検討されたが、保険業界からの強い反対によって見送られた。それに前後して、1947年に農業協同組合法が制定されたのに続き、消費生活協同組合法（1948年）など各種協同組合法が相次いで制定された。こうして、わが国における協同組合保険は「共済」として協同組合法に法的根拠をおくことになったのである」（「生協の共済事業」押尾直志《おしおただゆき》論文、2005年）。

戦後いち早く生協の共済制度を立ち上げた組織は、労働組合を中心とした労働福祉団体＝労働組合福祉対策中央協議会（1950年設立）の相互扶助の救済制度で1954年に大阪労働福祉協議会による火災共済制度であった。

当時の住宅事情は、「都市部においては密着した木造住宅、引揚者住宅や工員寮など粗悪な木造集合住宅に加えて、消火施設の不備があって、火災が頻発した」。また「戦後損保各社は、経営再建のため保険料の値上げを繰り返し、火災保険の保険料は非常に高くなっていた」（相馬健次《そうまけんじ》論文、２０１１年）ことなどが背景になっている。その後各地の福祉対策協議会が生まれ、１９６４年には沖縄を除く全県に設立された。

時を同じくして、日本最大規模を誇る共済組織・農協の共済、漁業共済（漁業生産に関わる共済）も実現した漁協の共済、中小企業共済なども始り、職域を中心とした労働組合直営の共済事業（産別共済）も設立されている。任意団体ではじまった地域の労働福祉協議会は、生協法による労働者共済生協として設立されるようになり、全労済の前身として１９５７年、全国労働者共済生活協同組合連合会（労済連）が設立され、火災共済を始め、順次各種共済に広げられてきた。

③「県民共済」「こくみん共済」「ＣＯ・ＯＰ共済」の誕生　１９７０年代から２０００年代

1）全国生協連の「県民共済」

全国生協連の「県民共済」は１９７０年、全金同盟埼玉地方金属（現・ＪＡＭ埼玉）のある労働者の帰宅途中のバイク死亡事故をきっかけとして、「生命保険に入る金もないおれたちの家族は万一の時どうすればいいんだ」という声が仲間にひろがり、１９７１年組合員を対象とする独自の団体生命共済制度の発足にこぎつけたことから始まっている。その後、この一連の過程をリードした正木書記長が埼玉地方金属を離れ、組合の仲間が得た安心保障を一般の人たちにまで広げようと考え、土屋稔氏ら組合時代の仲間たちと共に各方面に働きかけを開始し、1973年、埼玉県民共済生活協同組が設立となった。当初は、県の認可で共済金限度額が100万円と制限されていたため、生命保険や損害保険会社と特別契約を結び、交通事故死亡910万円、不慮・病気死亡2774万円の保障設定で個人を対象にした共済制度を発足させた。(『県民共済グループ躍進の研究』小野桂之介著、2004年)

その後、掛金一律2000円、加入年齢15~59歳、加入手続きは本人が埼玉銀行に申込書を持参、掛金は口座引き落としというユニークなもので、わかりやすく、掛金が安いことから県民の支持を受け、好調な実績を示すようになった。そうした中、厚生省(当時)から「低コストで生活者に安心を保障するこの県民共済システムを、埼玉県だけでなく広く全国に普及してはどうか」という話がもたらされ、厚生省の調整により、首都圏を中心とする各地の生協を会員組織とする首都圏生活協同組合連合会、のちに名称変更し、全国生活協同組合連合会(全国生協連)がその機能を担うことになり、1981年、全国展開がはじまった。加入申し込みチラシを各戸に配布する加入推進方式が特徴で、その後19

85年火災共済事業にも進出、1989年には「こども共済」、98年「熟年共済」、2000年「三大成人病特約」「がん特約」「介護特約」を始めている。1996年には、生命共済加入者は500万人に上り、2000年共済加入者は1000万人を突破している。掛金の割戻しを重視し、2007年まで30％台の高い割戻率を実現し業界でも注目されている。

2）全労済の「こくみん共済」

全労済では、労働組合を中心に職域での共済の普及・推進が主要な事業であり、地域労済で未組織労働者や一般勤労市民の中に共済を広げるため、いくつかの施策を進めていたが、地域進出がうまく出来ていなかった。1976年全国統一（全労済創立）を成し遂げ、諸事業制度の大幅な改善を行い、1979年には地域向け制度の開発を行い、「県民共済」の全国展開から遅れること2年の1983年「こくみん共済」事業を開始した。「全労済のこくみん共済」の誕生は、前述の全国生協連の県民共済のインパクトなしには語れることができないと言われている」（相馬健次論文、2011年）。

「こくみん共済」は、各地の市民を対象に普及をすすめ、「県民共済」と同様の保障内容を設定し、一律掛金、加入年齢、掛金は口座振替など全く同じ制度コンセプトであった。「こくみん共済」は地域労済と全労済のこれまで持っていた地力を背景に、募集開始後2

年半ほどで加入者100万人を突破し、さらに制度の改定をすすめ、キッズタイプ、シニアタイプ、終身医療の共済も加わり、2001年には新規加入で100万人を突破、2002年保有契約件数が500万件を突破し、全労済の主要な事業の一つに成長した。

3）日本生協連（のち日本コープ共済連）の「CO・OP共済」

「CO・OP共済」

戦後1951年3月20日、日本生協連が設立されたが、共済事業については、先の労福協を中心に活発に展開された労働者福祉推進のための共済運動について側面的に協力し、労働者共済の組織化と成長に密接にかかわってきた。しかし、当時の「日本生協連の会員生協の多くは、職場や居住地の職域生協と地域勤労者生協に占められていて、その後、地域勤労者生協は後退し、職域生協も停滞した」（生協の共済事業の課題、岡田太2010年）主体的に共済事業を具体化するためには、高度成長期の都市給与所得者層の増加と専業主婦層の形成を基盤とした「市民生協」・地域購買生協の出現とそれに伴う組合員数や生協利用高の増加と要求の多様化など生協事業の主体的発展を待たなければならなかった。（相馬健次論文、2011年）。

1975年、日本生協連創立25週年記念事業において「組合員の要望にもとづく共済の実施」が承認され、1977年「組合員共済制度企画委員会」を発足し、具体的作業に入

図表4　コープ共済4つの制度の加入実績

共済種目	会員数	加入件数	加入口数	契約高(億円)
A(セット共済)	2	53	56	1.7
B(生命共済)	13	2,139	4,677	46.8
C(火災共済)	59	44,320	472,179	4,721.8
K(こくみん共済)	41	27,187	118,720	1,187.2
小計	79	73,699	595,632	5,957.2
《たすけあい》	36	18,305	25,845	129.2

CO・OP共済の加入実績(1987年1月末現在)

り、1978年6月、日本生協連第28回総会において「組合員共済制度について」が承認され、実施案作りのため「CO・OP共済運営委員会」が設置された。

全労済と「CO・OP共済に関する基本協定書」を締結し、1979年、CO・OP共済　A型（セット共済）、B型（生命共済）、C型（火災共済）の3つの制度でスタートし、のち「CO・OP生命共済（こくみん共済）」を加えて、全労済と提携した全労済の共済にコープマークを付けた事業として始まっている。日本生協連で独自にCO・OP共済《たすけあい》として厚生大臣（当時、以下同様）認可をとったのは、1984年7月である。

当時一部の生協（京都、札幌市民、福島消費など）は早くから地域労済との提携により共済事業を行っていたが、ほとんどの地域購買生協は、CO・OP共済の発足と軌を一にして共済事業が実施されている。

しかし、80年代のCO・OP共済の加入推進はなかなか進まず、苦労の連続であった。この時期の地域購買生協は、協同購入、店舗運営など事業の発展期であり、共済事業に関わる体制も余裕もなく、重要性は認識しているが、共済事業を展開する上で、手作業からシステムへの整備など事業環境、事業基盤の確立が求められていた。

当時の日本生協連共済事業本部の取り組みの現状については、「中長期の展望に基づく事業政策の確立に至っておらず、独自事業部門となりきれず十分体制もとれない。まだまだ組合員の共済の理解不足（わかりにくい）、一時的で単発的なので組合員の組織活動になりきれない、手数料の低さから事業費用がかけられず、拡大再生産につながらない。また事業メリットが出ていない。さらに日本生協連としての弱さとして、独自事業の早期確立を前提にした政策提起の弱さ、組織的取り組みの弱さ、制度開発面での全労済との提携関係の弱点、取り組みの典型事例を創出できず、日本生協連としての共済事業面の経験・知識・活動不足」（『共済担当者研修テキスト』１９８７年４月より）を率直に挙げている。

１９８６年「地域生協における組合員共済事業のあり方」政策をまとめ、共済事業の本格的検討を開始し、日本生協連と会員の元受共済事業の結合「喜びも悲しみも分かち合う身近な共済を実現し、組合員の相互扶助と組合員と生協の相互信頼を深める」としたＣＯ・ＯＰ共済事業方針の確立がはかられていった。会員生協の共同購入の際、組合員に配達職員が直接共済の加入をお勧めする方式で、日頃配達でよく知っている職員からの呼びかけは、共済加入推進の大きな力となっていった。

１９９０年、加入者10万人となり、新《たすけあい》が厚生省認可、第１回全国交流会が開催され、加入者も急速に拡大した。

１９９４年、ＣＯ・ＯＰ共済《たすけあい》は10周年、１００万人突破、ライフプランニング活動（組合員自身のによる保障見直し学習活動）も開始された。また、１９９８年女性向け特定疾病を厚く保障する《たすけあい》女性コースの開始、１９９９年にはこども向けコースとして《たすけあい》ジュニア18コースを開発し、女性とこどもを重点にした加入推進が始まった。

２０００年には定期生命共済《あいぷらす》が誕生し、現在では、手軽な掛金で生命保障が２０００万円まで保障され、がん特約も発売され、85歳までの高齢者の保障ができるまでになっている。

２００６年には《たすけあい》５２５万人、《あいぷらす》58万人。２００８年４月改正生協法が施行され、共済事業の兼業禁止規定から、日本生協連から分離して日本コープ共済連を設立、２００９年「ＣＯ・ＯＰ共済のめざすもの」を改定、《たすけあい》７００万人《あいぷらす》１００万人となった。２０１１年には終身共済も始めている。

4）大学生協連（のち大学生協共済連に分離設立）の「学生総合共済」

1970年代後半、欧州の大学、高等教育の学生福利厚生事業について調査が行われ、イギリス学生ユニオンの保険事業の実情を知ることになり、当初大学生協連は、学生を事故やけがから守るための傷害保険を共同購入する学生協同保険事業を開始した。また、毎年行われている「学生生活実態調査」からこれまで若くて健康だとイメージされていた学生の事故や病気の実態が明らかになり、半年間で4人に1人が病気で入院・通院の経験があることがわかった。学生協同保険は、既存の保険種目を組み合わせたもので、発生数の多い病気が対象にならないこともあり、学生のために事故・けがも病気も保障できる共済の確立が求められたていた。

1981年当時会長理事であった福武直氏《ふくたけただし》のリーダーシップもあり、厚生大臣（当時）認可の学生総合共済を開始した。福武直会長は、当時、少子高齢化、高学歴化の進行の中で日本の社会保障制度について新しい「広い連帯としての公正、妥当、効率的な社会保障制度の整備が必要」とし、「親子同居の美風を日本的資産とみてこれに頼って少しでも倹約しようというような発想が背後にあるような日本型福祉社会では困り、成り立たないだろう」「福祉も無駄なところはやはり削らなければなりません。しかし必要なものは、どうしても必要だということで、若い人に、そして健康な人に納得してもらって負担していただく必要があるわけです。そのような意味での連帯は絶対必要だということをのべ、大学生協には「生協運動の着実な遂行の中で新しい連帯を創り出そうとする人々、ないし少なくともその呼びかけに応えてくれる人々を育成する役割がある」（『福祉社会への道』岩波書店、1986年）と述べています。「自分の出したお金が、自分にかえってこなくても、仲間の不幸のために使われたのだから、やっぱり入ってよかったといえるような共済にしよう」。この福武会長の発言には、「生協の共済活動を通じて、学生どうしの助け合いという新しい、広い連帯を実感し育んでほしいとする思いがあった」と当時の大学生協連専務理事・高橋晴雄氏ものべている（2012年、生協総研インタビュー）。

開始まもなく学徒援護会（現日本国際教育支援協会）が学生総合共済とほぼ同様の「互助共済」を実施すべく大学への働きかけを開始したが、大学生協では、学生総合共済の死活問題との認識から、全国的な取り組みと多くの学長、大学関係の理解を得て、具体化を中断させることができた。この背景には、「大学の中では、事故や病気にあった学生たちが単に保障されれば良しとする制度面だけではなく、先に述べた『学生どうしの助け合い』を育むことを理念とした大学生協の共済の使命に多くの学長、大学関係者が共感してくれたことが大きかった」と前出の高橋晴雄氏が述べている。これを契機に一日も早く学生の過半数以上が加入し、充実した大学生協らしい共済づくりが重要な課題となった。

年々加入者増に基づき制度改善を行い、1992年には、すでに実施している扶養者事故死亡保障制度の上に「扶養者を病気で亡くした学生のための勉学援助制度」を実現させ、また1996年、経験料率の採用で掛金を引き下げ、保障を充実して、制度開始時3万人であった加入者は2010年、約64万人となっている。生命共済と火災共済をそれぞれ早くから厚生大臣認可をとり、とりわけ火災共済の下宿生の借家人賠償共済は、他の生協の共済団体に先んじて保障を実現した制度である。学生の生活にあった共済制度を開発し、入学時に加入を呼びかけ、生協加入の出資金と一緒に共済加入をお勧めする方式で推進している。

大学生協が行う共済事業は、学生どうしが助けあい、困った時にお見舞いをおくることを制度化したものとして、学生の声をもとに保障制度の改善、充実につとめ、共済金の支払事例を分析し、病気や事故にあわないように日頃から予防活動や啓蒙活動を重視する学生自身がすすめる共済として確立された。

アルコールパッチテストや一気飲み防止啓発、食生活相談、自転車・バイク点検など、健康や安全を呼び掛ける取り組み、共済金の支払い事例や共済金受給者に対する「たすけあいアンケート」から得られた事故や病気の実態や健康・安全な学生生活を、大学や社会に発信する取り組み、全国の学生、生協職員、教職員が一堂に会し、数百名が参加して共済活動を発展させるべく学び合いを行う「全国共済セミナー」など、大学に広く深くねざした活動を展開している。

改正生協法が施行され、２０１０年、大学生協連から大学生協共済連を分離設立し、高円寺に新しい共済の会館を建設し、大学生協共済連としての事業を開始している。

2. 生協共済の発展の背景

地域の市民をターゲットにしてきた3つの生協の共済、全国生協連「県民共済」、全労済「こくみん共済」、コープ共済連「ＣＯ・ＯＰ共済」と大学でユニークな活動を行う大学生協共済連学生総合共済は時を同じくして生まれ、70年代末から今日にかけて急速な発展をしてきた。その背景には何があるのか述べてみたい。

国民皆保険・皆年金、老人医療費無料制度などそれまでの社会保障制度の拡充の流れが、１９７３年のオイルショックとともに一転し、高度経済成長時代が終わり、80年代から90年代は、「社会保障費用の適正化」、「給付と負担の公平」をキーワードに社会保障の見直しが行われる時代となった。90年代以降バブル崩壊後の低成長時代への突入となり、少子・高齢化の進行から持続可能な社会保障制度構築がテーマとなっていった。

１９８２年、老人保健制度の創設、１９８４年、被用者保険本人定率１割負担が導入さ

図表5　民間生命保険と生協共済の違い

	民間生命保険	生協共済
保険料（掛金）	高い・多様	安い・一律
保障額	高い（過大な場合あり）	低い(保険の補完的な位置)
加入の申し込み	医師の診断あり煩雑	健康告知だけで簡単
保障内容	保障内容複雑	シンプル

れたのを皮切りに1997年、本人負担2割、2002年には本人3割負担へと引き上げられた。こうした医療費負担の増大が社会保障制度への関心を高め、多くの市民に手ごろな医療保障保険ニーズを喚起したことがあげられる。

また、これまで民間保険への加入は、保障もあるが貯蓄も大きな目的の一つでもあった。低金利時代が到来し、貯蓄としての保険の役割が失われ、保障と貯蓄は分けてシンプルな保障のニーズが高まったことがあげられる。さらに長期にわたる収入の減少と将来にわたる収入の不安から家計に占める保険料に対するコスト意識が高まった時期でもあった。

それまで民間保険の対象者は、主として世帯主で、男性、家計維持者が中心であったため、主婦層自身へのアプローチは、配偶者特約としての加入はあったが、主契約者としての対応はほとんど行われず、高い保険料を負担できる層でもなかったため、保険会社にとっては未開拓の分野であった。さらに子どもや学生をターゲットにした保険商品は、貯蓄目的の学資保険がメインであり、日常生活のけがや賠償事故を補償する傷害保険は開発されたばかりで、本格的展開はこれからであった。

右の**図表5**に見る通り、民間生命保険と生協共済の違いは地域の一般市民・生協組合員にわかりやすく、新鮮に受けとめられ、ニーズにもマッチし、この間の加入の急拡大につながったと言える。

さらに生協の共済の内、コープ共済連のＣＯ・ＯＰ共済についていえば、「組合員相互の助け合いとしてＣＯ・ＯＰ共済事業は、供給商品と同様、組合員の声により保障内容が改善され、また共済金の受け取りを通じて共済の良さを実感して加入の輪が広がる一方、加入者が増えることでさらに保障内容が充実するという好循環を実現した」（「共済事業の課題」『現代生協論の探求―新たなステップをめざして』岡田《おかだ》太《ふとし》、２０１０年）。これは、ＣＯ・ＯＰ共済に限らず他の生協の共済にもいえることであった。

特にＣＯ・ＯＰ共済では、２００９年度まで主要購買生協と日本生協連は、共済事業を会員生協と連合会の共同事業であるとする「共済の支払責任と損益を共有した共同引受方式」を採用した。これはＣＯ・ＯＰ共済の加入推進を会員が自らの共済として進める体制を作り、両者の協力関係を強化する上で重要な貢献をした仕組みとなった。「生協が共済を育て、今、共済が生協を強くしている」と当時ちばコープ理事長であった高橋晴男氏の

図表6　3団体の加入者数の推移

単位：万人、前年度伸長率：％

	2006年	2007年	2008年	2009年
こくみん共済	688（4.6）	704（2.3）	706（0.3）	696（－0.14）
県民共済	1,309（5.6）	1,375（5.0）	1,436（4.4）	1,489（3.7）
CO・OP共済	588（9.2）	624（6.1）	644（3.2）	669（3.9）

こくみん共済は、個人・子供・熟年・傷害共済、県民共済は、生命共済（こども・総合熟年）、CO・OP共済は「たすけあい」と「あいぷらす」。

言葉は象徴的である（岡田太前掲書）。

3．生協の共済やCO・OP共済の今後の課題

２００８年に改正生協法が施行され、他の事業と共済事業兼業の禁止により、日本生協連は、コープ共済連を分離設立し、主要会員生協も共同引受を終了し、共済事業をコープ共済連との委託契約で進めるという関係となった。今後は、主要会員生協のＣＯ・ＯＰ共済の拡大推進の原動力でもあった「共同引受方式」に替わる加入推進の原動力を「委託契約方式」の関係の中でどう作っていくのかが問われている。

２００８年７０６万件をピークに全労済「こくみん共済」は、２００９年約10万件の純減となった。また全国生協連「県民共済」は、２００９年度期末加入数では、前年度比１０３・７％と増加しているが、純増加入数では前年対比88・６％と減少し、厳しい状況を迎えている。そしてコープ共済連のＣＯ・ＯＰ共済も、２００４年までは10％を超える伸長率であったが、２００５年より

1桁台となり、2009年度は前年対比103・9％と勢いが落ちてきている。

　こうした中、2010年4月に保険法が施行され、保険と共済のイコールフッティングのもと保険と共済の垣根が取り払われ、またここ数年の顕著な外資系保険会社の参入、インターネット、TV、新聞など媒体を通じた保険商品の宣伝、販売も日常のことになり、文字通り競争・競合状況が著しい現在、生協の共済は、さらなる発展を目指して中・長期のビジョンや計画を策定して取り組みを開始している。ここでは、そうした取り組みが始まった生協の共済の今後の課題について2、3提案してみたい。

　一つ目は、生協の共済と保険との差異が減少し、同質化している現在、生協の共済の認知度をアップし、生協らしさ、よさのアピールを進めていくには、メディアミックスで多面的な広報宣伝戦略やブランド戦略の強化が求められるが、もう一方で、加入者・組合員との信頼関係を深めていく取り組みが求められていると考える。組合員・加入者の声に基づく商品開発を行い、組合員が歓迎する声を大切にして広げていくことが重要である。今回の東日本大震災でも、生協共済からの迅速で誠意をもった被災者への対応が多くの感謝の声を生み、そのことを生協組織内外に発信していくことで、生協の共済の信頼がたかまる事例が数多く報告されている。「実際に生協職員が現地訪問をして感じた事は、組合員の方々は、『見舞金を請求できる』という事に喜んでいるのではなく、『心配して会いに来てくれる身近な生協』に喜んで下さっているという事でした。今回の活動を行った事を誇りにもって活動していきたい」。「今日はずいぶん組合員さんに泣かれてしまいました。『ただ、ただ感謝!!』ということで！　岐阜の折鶴をお渡ししたら、その場で玄関に飾っていただけました」（生協総研誌２０１１年10月『助けあう』ＣＯ・ＯＰ共済、太《た》和《わ》田《だ》昇《のぼる》氏より）と語っている。イメージだけでなく、現実の実感としての心理的、精神的なはげましやお見舞いの取り組みは、すぐに効果が発揮され、加入拡大に直接つながるわけではない。また効果測定には現れないし、数字では表現できないものでもある。だが、確実に契約者・加入者の信頼を作りだすもので、これからも大切に守っていきたい取り組みである。ソーシャル・キャピタル（信頼関係、人間関係のネットワーク）という概念が最近広く注目されているが、こうした点を組織内に豊かに発展させることが大切である。

二つ目は、共済連合会における加入・契約組合員や会員生協の参加の問題、ガバナンスの課題である。新しく設立したコープ共済連はもとより、全労済、全国生協連にも言えることだが、全国１本の本部機能で会員生協の求心力を高め、現場の目線と現場感覚を大切にした施策や方針を提起していくこと、専門性を有した人材を広く会員生協レベルのすそ野から育成していくこと、加入契約者・組合員のそれぞれの地域でのくらしの実態を把握し、願いを受け止めて契約者・組合員の主体的参加をめざす取り組みを重視していくことが求められている。文字通り組合員の「出資」、「利用」、そして「運営参加」という、会員生協の権利と義務を追求できる仕組みが求められているのである。この点が機能しないと生協の共済を広げ、加入者を拡大し、発展させていくための原動力が強くならないと考えるからである。会員生協が自らの共済として情熱とこだわりを持って進める共済、契約者・組合員がその良さをよく知っていてすすめる共済になって、初めて組合員の過半数の加入をめざすことができる共済の姿ではないかと考える。

三つ目は、少子高齢化の加速にどう対応していくかである。２０１０年に行われた国勢調査の確定値によると、日本の総人口は、同年10月１日現在１億２８０５万７３５２人であった。外国人を除く日本人の人口は37万１０００人（０・３％）減少し、外国人と区別して集計を始めた70年以降、初めてマイナスとなった。総人口のうち男性は６２３２万７７３７人、女性は６５７２万９６１５人。年齢別では65歳以上の高齢者が２９２４万６０００人で総人口に占める割合は前回（05年）の20・２％から23・０％に上昇し、引き続きドイツやイタリアを上回り世界最高水準となっている。15歳未満は13・２％と前回から０・６ポイント低下している。

現在18歳未満の人口２０４５万人のうち（全国生協連子ども型が２７６万人、コープ共済連ジュニア18が２２５万人、全労済キッズタイプ・70万人）、生協の共済の加入は合計

５７１万人で28％の加入率となっている。加入の重複も考えられるが、まだまだ加入推進の余地は十分ある。

次に人口の23％を占める65歳以上の高齢者をどのように見るかによるが、ただ単に危険率の高い集団としてだけ見て、消極的対応を進めるのか、団塊世代のボリュームと平均余命の変化に着目して、そのニーズに応えたシンプルでリーズナブルな保障を積極的に提供していくか検討が必要だろう。

いずれにしても、競争・競合の厳しい環境を克服していくには、先の東日本大震災で果たした生協の共済の役割と契約者・組合員との信頼関係に確信をもって、その基礎の上に契約者・組合員と会員生協が制度開発から加入推進に至るまでの運営参画を深めることが、今後の一層の発展に欠かせないことと考える。

【参考文献】

『生協の共済　今問われていること』生協共済研究会（コープ出版、２００８年）
『21世紀の生協の共済に求められること』生協共済研究会（コープ出版、２０１０年）
『日本の共済事業ファクトブック２０１０』日本共済協会（２０１０年）
「各団体２００９年度事業報告」（２０１０年）

『リスク社会を生きる』橘木俊詔編（岩波書店、２００４年）
『世界リスク社会論』ウルリッヒ・ベック、島村賢一訳（平凡社、２００３年）
『共済事業の歴史』坂井幸二郎、日本共済協会（２００２年）
『共済事業と日本社会』押尾直志監修、共済研究会編（保険毎日新聞社、２００７年）
『現代生協論の探究〈現状分析編〉』現代生協論編集委員会編（コープ出版、２００５年）
『現代生協論の探究〈新たなステップをめざして〉』現代生協論編集委員会（コープ出版、２０１０年）
『県民共済グループ躍進の研究』小野桂之介（東洋経済新報社、２００４年）
『大学生協共済読本　復刻版』全国大学生協連（１９８５年）
『福祉社会への道―協同と連帯を求めて』福武直（岩波書店、１９８６年）
「戦後共済事業の歴史と総括」相馬健次（『協同組合経営研究誌　にじ』№６３５、２０１０年）
「これからのＣＯ・ＯＰ共済」（『生活協同組合研究』４０９号、２０１０年）
「ＣＯ・ＯＰ共済の発展をめざして」（『生活協同組合研究』３４４号、２００４年）
「共済担当者研修会テキストⅠ　第１分冊」日本生協連福祉共済事業本部共済部（１９８７年）

7章　大学と生協

全国大学生活協同組合連合会　専務理事
福島裕記《ふくしまひろき》

はじめに

大学生協は、一般に生活協同組合（以下生協）の「職域生協」に分類される。職域生協は、企業などに所属する職員らが出資し運営されるのに対して、大学生協は、大学に所属する教職員を持ちながらも、大多数の組合員は、大学に通学する学生である。ここから企業に由来する職域生協とは異なる「学域生協」ともいうべき協同組合が誕生し、成長・発展してきた。

1．問題の所在と文脈の変化

（1）「当事者」としての「選択」

戦後大学に復員した学生と教職員は、大学の構成員（学生・教職員）が自らの要求（ニーズ）を自らの手で実現する組織として「大学協同組合」を選択した。傍観者としてではなく、「当事者」としての「参加」と「連帯」をもって活動し、大学との協力関係のもとに、自ら出資・運営・参加する「協同組合」として、それぞれの大学とキャンパスで事業経営を創造的に推進した。

（2）「生活者」どうしの「協同」

当事者としての参加と行動は、大学をどのように捉えるかに深く関わっていた。つまり大学を闘争する対象としてではなく、「コミュニティ」として捉え、問題を共有し、お互いの役割を生かす存在として認識し、「大学は教育研究の場であるとともに生活の場なのであり、だからこそ学生と教職員は同じ生活者として協同し、成長をともにできる存在」との提起は、その後大学生協の発展を支える契機となった。

（3）「協同」を育む「関係性」の構築

この提起は、市場経済に不可避な「財の交換」という経済行為だけでなく、コミュニティを形成する生活者どうしの「相互依存」を強めることを重視し、「先輩から後輩へ」「励まし合い・助け合い」「自分の出したお金が仲間のために使われてよかったと思える共済を」「パソコンピア（仲間）サポート」などの活動を生み出す。つまり「ひととひととの繋がり（関係性）」を活かす活動スタイルを形成した。

（4）開かれた「場」としての協同組合

大学は、教える側の教員と学ぶ側の学生（院生・留学生を含む）が構成するコミュニティでもある。教職員・院生との協同は、学生にとって「教育的」役割をもち、学ぶ側の学生との協同は教える側にとっても有益な発見となる。教職員と院生の専門や関心に基づく多様な参加は、総代や理事を担う「運営参加」に匹敵する「専門参加」として生協の発展を支えた。

2. 大学生協の取り組みの変遷

（1）生成創設期：「学ぶことは食うこと」（１９４５年〜１９５７年）

戦後荒廃した日本と大学に復員した学生と教職員は協力して学園の復興に着手した。学生は、学生大会を組織し、自らの食事と学費と住まいのために、学友会厚生会、学生共済会、大学協同組合など福利厚生組織を結成した。

まさに「学ぶことは食うこと」という時代、占領下の物資統制のなかで、炊飯用の竈《かまど》づくり、米と紙の受荷権《うけにけん》獲得、授業に必要なガリ刷り教科書の発行、また学費を含む収入確保のためのアルバイト紹介、奨学金を始めとした資金提供などに取り組んだ。教科書発行の事業は、「大学出版会」に、アルバイト斡旋《あっせん》は「リクルート」起業に発展した。

１９４６年、東大総長を理事長とする「東京帝国大学協同組合（東大協組）」を創立した。学友会、共済会、厚生会などで献身的に活動した学生も、大学の福利厚生に当事者として関与し、大学や学生自治会の組織と財政から独立し、自ら出資し、利用し、運営する「大学協同組合」（協組：「きょうくみ」「きょうそ」）を選択した。

１９４７年、外食券による学生食堂の連合組織「学食連」と書籍購入の協会組織「学生図書協会」を母体とした38協組によって全国学校協同組合連合会（全学協）を創立した。しかし１９４８年に２５６校を数えた協組は、１９４９年には26校という壊滅状態に陥るが、１９５０年７月、「５単協アピール」を通じて全学協を再建した。協組自らの運営強化と協組間の密接な連携で全学協を再建し組織的危機を脱した。

各協組は、教職員組合と学生自治会などと協同して軍事基地反対とともに学生生活の擁護と福利施設の援助を掲げ、学生教職員の協組利用を訴え、専従職員の組織改革による経営再建に傾注した。

全学協は「学園復興会議」の「生活改善分科会」の運営担当を通じて、自らの活動の基本方向を見出し、スローガンを「よりよき生活と平和のために」と定め、１９５７年、比《ひ》叡山《えいざん》大会にて学園の復興を願う「教育環境整備運動」とともに生活改善の担い手としての「消費者運動」、ビキニ被曝《ひばく》を契機とする原水爆禁止など「平和と民主主義」という３つの活動方針を採決した。

１９５７年、全学協から法人格をもつ全国大学生活組合連合会（現「大学生協連」）が発足した。

（2） 基盤形成期：「『CO・OP商品』大学ノートの開発」1958年〜1968年

1957年、日経連「新時代の要請に対応する技術教育に関する意見」を受けた国公私学全般の理系定員の大幅増を皮切りに、1961年、文部省は私学の学科と学生定員の変更を届け出制に改定し、実定員による大幅定員増を許容し、大学の「大衆化」が進展した。

1959年、中央教育審議会（1953年発足）は、「育英奨学及び援護に関する事業の振興策」と題する答申を発表した。これは、「修学環境整備」を実現するために生協ではなく特殊法人を設定して、大学の福利厚生事業を代行させる「特殊法人化」構想だった。この構想に対して生協は学生実態調査を踏まえた厚生白書を作成し、広く学生と教職員に働きかけた結果、構想は見送られることとなった。

大学生協は、1957年の比叡山大会で結成した「全国事業委員会」のもとで、勉学に不可欠な教科書・辞書を安定的に供給する取引先開発を実現した。また勉学の必需品である筆記用紙の全国的共同仕入をベースに、大学におけるニーズと仕様を調査し北越《ほくえつ》製紙による別漉《す》きフールス紙を使用した日本最初のCO・OP商品となる「大学ノート」を開発した。

また「特殊法人化」構想を契機に、①学生定員の増加に対応しない福利厚生施設の拡充を含む教育環境整備運動の推進、②建物使用料撤廃、水道光熱費免除の実現、③中小規模生協の経営を支える事業経営の「単一同盟」化、④法人格をもった大学生協の設立を方針化した。

「単一同盟」は1962年以降、東京、京都、札幌地区で「同盟体（事業連合の前身）」を結成し、「単一化」論争を経て、エリア単位での会員生協との「業務委託契約」による事業連帯組織「事業連合」の結成として結実した。

また生協設立は、1968年迄《まで》の10年間に68大学で実現し、大学を構成する学生教職員による自治的経済組織としての「大学生協」の基盤を築き、また教職員居住区や大学近隣における「地域生協」支援を開始し、各都道府県における地域生協の設立の契機となった。

1968年、大学生協連第10回総会で大学生協の役割を明確にする「大学生協運動の到達点と当面する任務」を採択した。

（3）成長形成期：「基本部門（購買・書籍・食堂）の確立」1969年～1978年

60年代後半から続く高度成長の歪み、ベトナム反戦運動の広がり、工場廃液や排気ガスによる汚染と公害、第1次石油ショックによる狂乱物価など時代の変化のなかで、貧困な福利施設の改善、学費値上げ反対、学生会館の管理運営など学生生活の充実と学生自治権の確立を求めて、いわゆる「学園紛争」が多発した。

「学園紛争」を契機に大学運営と教育手法の見直しを迫られた文部省は、1971年に中教審による（のちに「(昭和）46答申」と呼ばれる）「今後における学校教育の総合的な拡充のための基本施策」を通じて、必須科目の削減、マスプロからゼミナール授業の充実などの改革とともに「学生の課外活動、福利厚生、修学環境への学生意見の聴取」などの民主化対応を進めた。

大学生協は、1960年の安保条約改定反対、私鉄や学バス運賃値上げ反対、不良有害商品などの告発などの取り組みを継承し、オイルショックに対して、「紙よこせ署名」の集約、出版社の便乗値上げや書籍在庫品へのシール貼付による値上げへの反対、奥付定価表示義務付けなど、組合員の「学びと暮らし」を守る取り組みを推進した。

また、暮らしの変化をいち早く捉えて、1957年から固定定食を提供する食堂事業は、1973年食材環境の向上を受けて、「健康的でかつ楽しみながらの食生活」を掲げ、「価格」はもとよりカロリー基準を満たした「基本献立定食（CO・OP定食など複数定食）」政策とアラカルトメニューの展開を提起した。

書籍事業では、1964年に大手取次店との共同仕入網を整備したが、1967年に「書籍再版3原則」を理由とする取次店からの出荷停止を受けて、公正取引委員会に提訴し、「再販適用除外指定」団体の認定を受けて現金割引を実現した。1970年に新入生向け読書推薦図書カタログとして「読書のいずみ」を発刊し、学生への読書啓蒙活動を推進した。

購買事業は、「学びの変化」、とりわけノートからリーフへの筆記スタイルの多様化に対して、廉価なステッチレスノート、ファイリングリーフなどを開発するとともに、学生の下宿生活の変化を捉えてコープ冷蔵庫の開発など大学生協らしいオリジナル商品開発を継続した。また海外渡航の自由化（１９６６年）を受け、１９７０年に文化事業部を発足させて、「国際学生証」の発行とともにチャーター便手配による廉価な海外旅行企画「自由交換旅行」を開始した。

教育環境整備は60年代後半における食堂施設の拡充に結びつき、福利厚生施設への施設使用料免除の成果をえた。しかし水道光熱費撤廃を求める運動は、60年代後半に一部の生協が「不払い」戦術に傾斜したため、大学からの訴追を含む紛争を引き起こし、大学生協連は「協同」とは相容れない暴力行為を繰り返すこれらの生協を除名する措置を通じて大学との信頼関係を構築した。１９７５年、全会一致による国会の「大学生協育成」議決などを受けて、設立は54大学に及び、大学生協は１４５校に発展した。

（4）発展展開期：「組合員の生活と要求と参加を基礎に」１９７９年～１９９２年

１９７５年には、赤字国債発行など日本の財政構造の転換期を迎え、対外輸出急増、消費税導入、プラザ合意による円高環境からバブル経済へ突き進んだ。1981年、臨時行政調査会（土光臨調）は、三公社の民営化などの行政改革を答申し、大学に対しては、私学助成の抑制、国立大学の増設見送り、施設整備費の縮減などを進めて、受益者負担による授業料、奨学金など父母と学生の負担増が進んだ。

1976年に就任した大学生協連福武直《ふくたけただし》会長理事は、1978年大学生協の歴史的転換となる「大学生協を巡る諸問題」（後に「福武会長所感」と呼ばれる）と題する文書を発表し、大学生協の意義と特質など新たなあり方と役割を提言した。それは大学をその構成する学生・教職員の「コミュニティ」と捉え、大学生協は、「本質的に大学と闘争するのではなく、協力する存在である」こと、大学生協は「大学コミュニティの重要な組織として、大学のなかに広く深く根ざす努力を重ねること」、つまり「うるさいやっかいな存在」から「たよりになる存在」への脱皮を求めるものであった。こうして1980年の第24回総会は、「学園に広く深く根ざした大学生協」をめざし、「組合員の生活・要求・参加」を基礎に据えた「大学生協の役割と当面の課題」を採択した。これは、組合員との関係性を重視する「一言カード」の推進とともに、全階層の参加による大学生協づくりとして、生協への運営参加を強めるとともに当事者意識と専門性をもった教職員の専門参加を促すこととなった。

食堂事業は、１９８０年「大学食堂の充実についての要望と提案」をまとめ、「いつも家庭で食べる食事を外食として安価に提供する事業」として、定食方式からカフェテリア方式への業態転換をすすめるとともにフードサービスの5原則の実現をめざす食堂事業の改革をすすめ、学生の食実態に警鐘をならす食生活の改善提案や「自炊のすすめ」などの食生活の自立を促す取り組みを開始した。

書籍事業は、学生の読書時間の減少を受けた読書生活実態調査を実施し、教員と学生による読書推進活動を提起した。

購買事業は「情報収集から発表まで」の勉学研究プロセスに介在する情報処理技術の発展と勉学研究の変化に着目し、電卓の共同購入をステップに「関数ポケコン」「ワープロ」「教材パソコン」などへの学生の使用感覚を生かした商品開発を進めるとともに、１９９０年に「誰もがコンピュータを自由に使いこなす環境」をともにつくることを目的とする「HELP」計画を提起し、教職員・院生・学生による「ＰＣを使いこなす学内ネットワークづくり」を模索した。

１９８１年には保険の共同購入から、「自分の出したお金が仲間のために使われてよかったと思える共済」をめざし、学生どうしの「助け合い」として事故・病気へのお見舞い金を送る「学生総合共済」を開始した。また、１９８２年より広島・長崎の原爆被爆者から学ぶ平和ゼミナール「Peace Now !」の平和学習ツアーを通じて、学生どうしの学びを「知り・知らせ・考え・話し合う」活動として開始した。

（5）価値形成期：「魅力ある大学づくりに貢献する生協を」1993年〜2003年

1990年の東西ドイツの統一とソ連崩壊、地域紛争の激化、9・11同時多発テロへと続く国際環境の変化とともに、国内経済はバブル経済崩壊以降の長期不況のもとで、企業倒産、金融不安、家計の困窮化が進んだ。

文部省は、87年に大学審議会を発足させ、1991年の「大学教育の改善について」答申で「大学設置基準」を大綱化し、一般（教養）教育と専門教育の区分を撤廃し、単位当たりの授業時間数を含む教育内容を各大学にて決定できる改革を推進した。これは一般教育と外国語教育の多様化と情報処理教育、実学教育などを推進するカリキュラム変更を促し、指定教科書の点数と部数の減少、教材PCの提供、外国語検定の増加など、大学生協の事業構成に大きな変化を引き起こすことになった。

大学生協は、21世紀における社会と大学を巡る環境変化を見通し、21世紀の「大学生協の基本的価値」を検討する21世紀委員会（1992年答申）を組織し、これまでの役割に加えて学生の社会人形成のための「教育的機能」に貢献する「役割」を提起した。21世紀委員会は、「魅力ある大学づくり」への参加を明確に位置づけ、21世紀に大学と組合員から選択される大学生協をめざす「21世紀にむけた大学生協のビジョンとアクションプラン」（1994年）を策定した。この答申を実現するために設置された経営評価委員会（1995年）は、大学生協の経営をビジョンの実現と定義し、ステークホルダーからの積極的な関与をめざす大学生協の経営のあり方を明らかにした。

購買事業では、大学の勉学教材としての指定パソコンの提供、インターネットによる書籍購入環境の整備、パソコン操作教育やサポート事業などを開始し、大学の情報環境の変化への取り組みとしてコンピュータと教育に関する学会組織（CIEC：シーク：「コンピュータ利用教育学会」）の創設、PCユーザーの経験交流を推進する「PCカンファレンス」の年次開催を実現した。

食堂事業では、学生の食生活の乱れに対する食育活動を推進するとともに、年間の開講期間に渡る1日3食の食事を提供するミールクーポン事業を開始した。

教育支援事業として、大学における外国語教育の推進を受けた学生どうしの英語学習サークルによる外国語コミュニケーション事業、学生のキャリアビジョンを通じたキャリア形成や就職活動を支援するとともに、キャンパス内の「教員・公務員採用試験講座」の開設などを始めた。

1995年に発生した阪神淡路大震災では、直ちに救援物資の支援を始め、現地ボランティアセンターを開設し、学生支援活動を支えるとともに、罹災学生への仮設ログハウスづくりを契機に間伐材利用の割り箸の提供をはじめとする自然環境を守るＮＰＯ「樹恩（ＪＯＵＮ）ネットワーク」を設立した。

共済事業では、１９９２年から扶養者を病気で亡くした学生への勉学援助制度を開始し、１９９６年には生協データの経験料率による保証の充実と掛金の引き下げを実現した。

（６）価値創造期：「協同・協力・自立・参加による生協を」２００４年～

９・11同時多発テロ以降の景気後退からの景気回復も、イラク戦争の泥沼化、リーマン破綻による世界同時金融危機を受けて、ゼロ金利とデフレ経済に回帰し、組合員家計収入の減少、所得と雇用の悪化、大卒生の就職難が一段と強まった。

国の行財政改革のもとに２００４年より「独立行政法人」化された国立大学は、大学施設整備費と運営費の交付金削減のなかで、大学運営の新たな転換を余儀なくされ、大学市場の開放による外部資金の調達を狙った学内へのコンビニエンスストアの導入とともに、施設使用料の徴収の動きなどが生起した。

大学生協は、大学との協力関係のもとに学生のキャリア形成や就活を支援する「学びと成長」事業の推進、「ＩＣカード学生証」発行支援、「学生生活の事故・トラブルへの駆けつけ」支援を行う「学生生活１１０番」などを開発した。

書籍事業では、大学4年間で100冊の読書をめざす「読書マラソン」を開始するとともに、インターネットによる書籍購入環境を整備した。

共済事業は、2008年よりバイク特約を廃止し、全国統一のおすすめ型で保証内容の充実をはかる短期（1年単位）契約の新共済を開始するとともに、改正生協法によるリスク遮断のために連合会から分離し共済連合会（2010年）を設立した。

21世紀の大学生協のあり方を示す大学生協論研究会答申（2004年）の「21世紀の大学生協の革新」を受け、2006年には大学改革が急速に進む中でこれまでのビジョンを見直し、大学の新しい変化に対応すべく大学生協連は「21世紀に生きるビジョンとアクションプラン」を策定した。

3. 今日における問題と大学生協の取り組み

(1) 変化する「暮らし」と「学び」への貢献

今日、大学生協の担う役割は大きく変化しつつある。新入生を歓迎する活動は、新入生が友達を作る場として活用され、友人との関係づくりがその後の学業や就職に活かされたり、新たなキャンパス生活への不安解消につながっている。また、大学から委託を受けた初年次教育の場として数学や物理の授業を行うなど、授業への不安を抱える組合員をサポートする大きな役割を果たしている。

また、勉学生活を送る上で欠かせない食生活支援、食育の一環として、一日3食を提供するミールカードの発行をはじめ、留学生の増加に伴う忌避食を配慮したハラルフードの提供、最貧諸国への食糧援助を行う「Table for two」の取り組みを積極的に行いながら、食に関する知識や習慣の見直しなどを呼びかけている。

学びに関する貢献として、単にパソコンの供給だけでなく、授業におけるパソコンの活用を講義形式で同じ目線から教えあい、大学が求めるパソコンスキルを先輩から後輩へ伝授する活動をピアサポートと位置づけ推進している。また書籍の取り組みとして、「読書マラソン」など読書推進、推薦図書、書評誌などを通じて大学の教学を側面から支援している。

一方で大学生協の既存事業が学生のニーズとギャップを起こし始めていることも否めない。店舗における商品構成の見直しとともに、ネットで提供する商品展開の強化など、その変化に対応できる対策が急務である。

（2）生活者としての社会的自立への貢献

3・11東日本大震災支援として、阪神淡路大震災時の教訓を活かし、大学生協は発生当日から対策本部を立ちあげ、学生が中心になって原発事故を含む被災学生を支援する募金活動に取り組み、大学の休業期間や週末に合わせた学生のボランティアセンターを開設した。その後もFacebookなどによる交流、様々な取り組みへの呼びかけなど、学生らしい継続した取り組みへ発展しつつある。

扶養者を失った学生への学業継続を重視した学生総合共済の給付とともにこれを補完する勉学援助制度は、父母だけでなく大学関係者からの感謝もいただく取り組みになっている。

新入生や保護者の方々に学生生活への危険を知らせ、学生生活をより安全に過ごす生活者のための自立支援をすすめるために発行された「大学生がダマされる50の危険」（２０１１年２月）は、行政とも連携し、若者の消費者被害を防止する取り組みに貢献するとともに、消費者としての自立を促す啓蒙活動としても大きな役割を果たしつつある。

（３）キャンパスにおける「組合員参加」の推進

大学生協には生協と組合員をつなぐ学生委員会、教職員委員会、院生委員会、留学生委員会など各種組合員委員会が存在する。特に全国で約９０００人が参加する学生委員会は、会員生協のみならず、地域ブロックで会員生協同士の学びあいや全国レベルの活動を共有し、自らの生協の発展に貢献している。また、教職員や院生も研究、教育など多忙な業務や研究の中で専門領域や関心に沿って生協に関与し、学生とともに活動を進めている。大学教職員、学生、留学生、生協職員が一堂に会して、同じ立場で継続し、同じテーマで語れる理事会は、社会体験の重要な場であるとともに、組合員が中心となって進める事業経営の推進の場としての充実が求められている。

（4）高等教育の市場化と経営改革の推進

高等教育の市場化は大学の大きな変化を生み出しつつある。生協のある大学においても、新たな福利施設の運営者を入札で決定される事態が少なからず発生している。キャンパス内の総合的なフードサービスの一部である自動販売機が入札になり、大学自身が直接的収益を追求する事例もある。また、コンビニエンスストアが導入され、競合状態になっている会員生協も少なくない。

このような入札や競争環境に負けない大学生協の事業対応力が必要であり、より組合員を中心に据えた事業活動、それを支える職員組織改革を推進するとともに、魅力ある大学づくりを進める大学と一体となった大学生協のビジョンを実現する経営改革の推進が不可欠である。

4. これから求められる大学生協の課題

（1）学生支援の本格化

大学生協に求められる課題は、学生支援、つまり経済的貢献と学生の自立への貢献である。経済的貢献とは単に安く供給するというだけでなく、組合員の生活と購入目的にあった商品とサービスを供給し、その活用方法を提案し続けること、そしてそこから生まれる新しいニーズや組合員の生活に沿った商品とサービスが提供し続けられることにある。同時に学生が将来社会人となっていくために、生活者として自立することに貢献することにある。これらの教育的役割を自覚し、学生を継続的に支援し続け、大学のビジョンとともにある大学生協として存在し続けることが必要である。

(2) 大学との共同による「教育的役割」の発揮

今後さらに求められるのは大学との一体的な協力関係の推進である。大学への貢献を積極的に捉え、大学の中になくてはならない存在にならなければならない。大学生協として事業ノウハウの蓄積をもつ大学寮の管理、初年次教育、学生証のＩＣカード発行代行、図書館業務をはじめ、大学と一体となった様々な事業の受け皿を形成することが求められる。その一つ一つが学生生活への貢献度合いを高め、学生の自立につながる教育的な価値を醸成できる事業として提供することが重要である。

(3) 地域社会との連携

これまでの塀の中のなかに囲まれた大学から、社会人入学、地域市民がキャンパスで活動する大学へと変化する。唯一大学生という若い世代をネットワークする大学生協は、行政から求められる領域を広げており、地域市民との関わり、社会とのつながりをつくる存在となりつつある。地域社会における学生の活動が大学生協の価値を高め、学生が自主的に進める活動だからこそ、学生の自立と成長を促す契機となるという相互関係の形成に貢献することが可能である。同時に高等教育機関から社会への情報発信も強めて、その相互関係の革新に貢献することが求められている。

（4）高等教育機関における事業者ネットワークの確立

将来的には高等教育機関における事業者のネットワークの形成を展望したい。アメリカはＮＡＣＳという全米カレッジストア協会、ドイツはＤＳＷという大学間福利厚生組織をもつ。これらの組織は、高等教育機関における事業活動の共有や団体としての意見表明や共同仕入れなどを目的としており、日本に於ける高等教育機関からの情報発信機能を高める広報や政策的関わりを強めることによって、大学生協としての社会的役割を発揮することが可能である。

（5）大学生協としての価値創造事業の確立

事業内容として最も強化しなければならないのは、大学生協らしさ、大学生協でしか出来ないことを価値として強めなければならないということである。すなわち原点に返るということになるが、組合員自身が自らのための事業として大学における勉学研究を支え、食生活を十全なものにしていく活動を重視することである。組合員の生活が事業展開の中に反映し、促進していくような事業活動が不可欠であり、それが競合との対策となり、大学生協事業戦略にもなる。

（6）ビジョンとアクションプランの改定

これらの活動を支える基本的な考え方としてビジョンとアクションプランを策定したが、すでに5年を経過した。ビジョンは大きく見直す必要性は少ないと思われるが、アクションプランは柔軟に時代の変化に見合ったものに改定することが必要である。２０１２年に改定委員会を作り、私たちの方向性を確固としたものとするべく、見直しを進めたい。

【参考文献】

『大学生協論』福武直著（東大出版会、１９８５年11月５日）
『大学生協の歴史と未来～法人化50周年思い出集』（コープ出版、２００９年12月20日）
『大学改革と大学生協～グローバル化の激流のなかで』庄司興吉著（丸善、２００９年９月15日）
『大学生協15年のあゆみ』全国大学生活協同組合連合会（１９６３年８月５日）

『大学生協のあゆみ～大学生協連創立25周年記念』全国大学生活協同組合連合会（１９７５年５月25日）
『大学生協連創立35年 UNIV COOP』全国大学生活協同組合連合会（１９８２年10月１日）
『そのとき　大学生協は　～社会の風を感じとれ～　大学生協連50周年記念』（１９９７年７月４日）
『二十一世紀委員会答申』大学生協連21世紀委員会（１９９２年11月21日）
『21世紀にむけた大学生協のビジョンとアクションプラン』大学生協連第38回総会（１９９４年12月17日）
『21世紀の大学生協の革新』大学生協論研究会答申（２００３年11月22日）
『21世紀を生きる大学生協のビジョンとアクションプラン～協同・協力・自立・参加の大学生協をめざして』大学生協連第50回総会（２００６年12月16日）

8章 地域社会づくりと生協

公益財団法人　生協総合研究所　事務局長　金子《かねこ》隆之《たかゆき》

1．はじめに

２００８年に始まる世界的な経済危機は欧州の国家債務に現れており、構造的経済危機が深刻化している。加えて日本社会は超少子高齢社会、格差・貧困の拡大、社会保障・消費税など、くらしに大きな影響を与える問題が顕在化し、消費者・組合員の将来への不安が増大している。同時に東日本大震災・原発事故からの復興と放射能汚染問題への対応が喫緊の課題となっている。日本の生協はこうした状況のもとで、「生協は何ができるのか」の問いに直面している。本稿ではこのテーマについて、「地域社会づくりと生協」という視点からの考察を試みる。食の安全など社会的課題に取り組んできた生協は、地道に継続的に組合員が学ぶことを積み重ねたこともあって、２０００年以降も継続して組合員が増加しており、地域生協の組合員世帯加入率は35・2％となっている（『日本生協連２０１０年度全国生協の総合概況』）。供給高は70年代から１９９２年のバブル崩壊まで右肩上がりの成長を続けたが、その後一進一退となっている。

日本の生協は「生協の21世紀理念」を1997年、日本生協連第47回通常総会で決定し「自立した市民の協同の力で、人間らしいくらしの創造と、持続可能な社会の実現を」を表題とし、その理念の一文に「わたしたちは、人間らしいくらしや社会を、与えられるのでなく、みずからつくりだす目標としてかかげます。生協運動は、人びとの経済的・社会的・文化的ニーズやねがいを、組合員がみずからつくる事業や活動を通じて実現します」とある。これは、とりわけ地域社会づくりへの主体的な関わりと参加がこれからの時代をつくっていく可能性を示唆したものであると思う。

「日本の生協の2020年ビジョン」（日本生協連総会決定、2011年6月）は10年後の生協のありたい姿として「私たちは、人と人とがつながり、笑顔があふれ、信頼が広がる新しい社会の実現をめざします」としている。それを実現するアクションプラン1で購買・共済・福祉事業等を通じて「ふだんのくらしへのお役立ち」、アクションプラン2で「地域社会づくりへの参加」をあげ、地域での信頼とネットワークを広げ地域社会づくりへの参加をめざしている。そして、全国の生協が2年にわたり議論し「2020年ビジョン」をつくりあげた土台に、「生協の21世紀理念」、あわせて1995年国際協同組合同盟（ICA）・総会「協同組合のアイデンティティに関するICA声明」の《定義》《価値》《原則》がある。ICAにおいて、1978年から18年間にわたる国際討議が重ねられ、その間に3つの重要な報告（レイドロー／マルコス／ベーク報告）が確認され、「声明」の決定に至った。この「声明」第7原則に「コミュニティへの関与」があり、日本各地で組合員と地域のニーズから購買・共済・福祉事業とあわせて、食の安全、環境、平和・ユニセフ、福祉、子育て、食育など創造的活動が行われてきた。また、『地域福祉研究会報告書』（日本生協連、2010年9月）では、生協事業や活動の中に福祉・地域福祉の視点を盛り込み地域づくりにおける生協の役割やめざす方向を示している。

2012年国際協同組合年（IYC）を迎え、ICAがスローガンとして掲げている「協同組合がよりよい社会を築きます」は、地域社会づくりへの参加につながるものである。

2. 地域社会づくりと生協

これまで生協は国政の場でも、地方自治体の場でも、「生協の理念」をよりどころとして行政・他団体と連携しネットワーク形成に努力してきた。地域社会づくりに生協はどのように関わってきたのか。生協は、その到達点を表す簡明で共通認識となることばや表現を必ずしも持たない。それは、行政と他団体・組織との協働と連携が複雑に交差していること、立法・行政機関である国・都道府県・市町村において、組合員がくらす地域ごとに大きなニーズの違いがあることによる。たとえば、県域全体をエリアとしている単位生協でも地域によって組合員ニーズの地域性の違いがあり、地域づくりへの参加のしかたも関わり方も違う状況がある。

以下では、法制度改正など国政レベルと組合員がくらす生活の舞台である地方自治体が相互に深く関連している点に留意して、地域社会づくりへの参加の経過を整理してみた。この30年ほどを中心とした歴史の振り返りから、地域において果たしてきた生協の役割、生協が地域の問題・課題の解決に参加し地域とつながってきた背景を俯瞰《ふかん》する。その推進力としての組合員活動と地域のネットワークの広がりについてもみていく。

まちづくりを推進した１９８０年代

90年代まで、地域の中で生協は、事業と活動の規模を拡大してきたが、組織内で組合員を意識したものが中心であり、当然内向きで外部への広報下手といわれ、地方行政や他団体と積極的に連携する例はそれほど多くなかった。

多くの地域購買生協は、60～70年代前半に設立され、70～80年代に食の安全をめぐる不安や公害問題・環境問題などを追い風として急成長した。子どもに安全な食品を食べさせたいというお母さんたちの切実な願いは、共同購入を中心とした班組織への参加につながり、子育て層を中心に多くの組合員参加を実現し生協を伸長させた。この急速な発展は、小売業界の危機感をあおり生協規制へとつながり、生協規制撤廃の全国的運動が展開された。こうした経過の中で多くの生協は、象徴的な出来事として公民館等の使用制限（生協への貸出禁止など）を経験した。これには生協を一小売業者としてとらえ、組合員交流や商品学習を販売促進の場としてとらえる社会的背景があった。

そうした状況下で全国の生協は地域社会とのつながりへ問題意識を持ちはじめた。生協規制を推進する地元の小売業である商店街との連携模索などに取り組み、宮城県や京都府などで実践事例が現れた。組合員活動では、地域の他団体・組織と連携し酸性雨調査・温暖化防止などの環境問題、高齢化社会を迎える福祉問題、平和問題、公害問題などにも積極的に取り組むこととなった。地域社会への参加を考える上での節目としては、１９８３年灘《なだ》神戸生協（コープこうべ）でコープくらしの助け合いの会が発足し、地域のニーズに根ざした活動として全国の生協に広がったことがある。

日本の「地域購買生協の地域づくりへの関わり」について述べる際、生協運動の先駆者であった賀川豊彦《かがわとよひこ》により１９２１年に設立されたコープこうべ（当時の灘購買組合、神戸消費組合）が、「愛と協同」の理念をかかげ、社会的役割の担い手として組合員加入・事業規模の拡大とあわせ地域社会や地方自治体との連携を通じて信頼を築いてきた歴史は見逃せない。理念を貫く職員教育・組合員教育を基礎として発展してきたコープこうべの地域社会づくりへの参加は、賀川豊彦の理念を共有する兵庫県、神戸市等の地方行政・職員と信頼のきずなで結ばれている。こうした歴史からも、今後生協の関わる地域づくりへの示唆をみることができる。

ユニセフ活動は、わが子への愛を世界の子どもたちへも届けたい、という母親の願いのこもった取り組みが推進力となり、全国に大きく広がった。ユニセフ活動の担い手として、生協は地域社会に高く評価されることとなった。全国の生協は１９７９年国際児童年からユニセフ活動の取り組みを開始し、組合員の気持ちを行動につなげた「バケツ一杯の水を送ろう」「わが子への愛を世界の子供たちに」のキャンペーン活動が全国へ広がった。㈶日本ユニセフ協会の募金事務局を生協内に受託設置する取り組みから、北海道支部や宮城県支部の設立をはじめ、各地の生協が県支部設立に献身的役割を担うことで、現在22県支部（法改正により県協会）にまで広がっている。県支部設立は生協だけでなく金融関係や経済団体による設立もあるが、学校関係者による「友の会」など既存の支援組織とも一緒になって、生協が支援することで支部設立を促進してきた。ユニセフへの支援から、日本と世界の子どもと女性を大切にする組織として、生協が地域社会から歓迎され、以降地域社会づくりへの参加の場が広がったケースが各地にみられる。

大規模災害対策に取り組んだ１９９０年代

大規模災害対策、とりわけ地方自治体と生協との連携は１９９５年1月17日の阪神淡路大震災の教訓から全国に広がった。１９７３年の石油ショックの時の経験から、１９８０年に締結されていたコープこうべと神戸市の「緊急時における生活物資確保に関する協定」により、大震災当日から店舗の営業再開や壊れた店頭での商品販売、そして職員や組合員の自主的な救急救命活動が行われ、全国の生協から駆けつけた職員・応急支援物資を積載したトラックの支援と相まって、「被災地に生協あり」と社会的注目を浴びる取り組みとなった。その後、全国都道府県・市町村単位で生協との間で緊急時の「災害時における応急物資の供給等に関する協定」の締結が推進され、２０１１年4月現在46都道府県・３１２市町村へ広がっている。また、１９９８年被災者生活再建支援法が成立したが、その成立に署名活動等で生協が大きな役割を果たした。

その後、全国で多くの自治体において「協定」に基づき県連・単位生協が毎年自治体主催の訓練に参加し、応急物資を調達・配送する役割等を担っている。商品調達に関わり日本生協連や事業連合は、コープ商品等の生産メーカーと緊急時の商品調達協定を締結している。地連ごとの大規模災害対策協議会主催による図上訓練に、県等の地方行政も参加している。全国の生協が連携して被災地支援に入るということの訓練には、地方自治体関係者から大きな期待が寄せられている。東日本大震災で生協の全国支援網が改めて印象付けられたこともあり、多くの地方自治体が大規模災害の準備を進める際に、地元生協との連携への期待を一層強めている。特筆すべきは、東日本大震災の発生直後に、年来の協定や演習の蓄積があって行政・警察との連携による緊急車両登録証の発行を容易にしたことである。筆者は3月25日、応急処置された東北自動車道を支援に向かうために通ったとき、目にしたのは全国の生協、自衛隊、県警の車両であった。生協がその理念をもって支援を実践する組織であることを、日本の社会が理解し受け入れたと実感した。

大規模災害を想定し、自身と近隣住民の命を守り、被害を減ずる訓練が、組合員参加のワークショップ形式で取り組まれている。大規模災害発生を想定し地域で組合員が避難する際に、地域住民と力を合わせ、社会的弱者である子ども、妊婦、障がい者、高齢者、外国人なども視野に入れ自主的な避難所への誘導訓練となる「コープぼうさい塾・防災Mapシミュレーション」演習を実施している。広島市においては、組合員の参加と行政・消防団・自治会を加えた演習が実施された。全国の生協がこうした演習に地道に取り組んでおり、地域住民と一緒に防災訓練する参加型プログラムとなっている。市町村との協定からさらに小単位の地域社会との連携としては、２０１２年４月５日広島市安佐北区《あさきた》高陽《こうよう》地区の自主防災連合会と生協ひろしまが、災害時の応急物資供給の連携協定を締結したケースがある。同連合会は地元にある店舗に支援を要請し物資の提供を受ける。会長は「いざという時に心強い。連携を深め、安心安全なまちにしたい」と語った（『中国新聞』２０１２年４月６日付）。

現在日本生協連では全国の生協とともに、東日本大震災の経験を生かして、全国の生協と連携・協働を一層機能強化する全国生協ＢＣＰ（Business Continuity Plan、事業継続計画）を、首都直下型大震災や東海・東南海・南海大震災などを想定して検討をすすめている。このＢＣＰの検討は事業継続にとどまらず、組合員活動やボランティアによる被災者支援、行政や他団体との協働など総合的な地域との連携を抱含したものにしようとしている。

消費者市民社会をめざした２０００年代

日本の社会と地域において、生協のポジションが２０００年代に入ってから大きく変化したと筆者は認識している。その国政に向けて働きかけた動きを追ってみたい。

全国で１９９９〜２０００年にかけて１３７０万筆の「食品衛生法改正署名」を集める一方で、国会・中央省庁への働きかけと連携し、全国の県連・会員生協が地元選出の国会議員への説明と懇談及び地方議会・議員への働きかけをすすめた。この経過は、今まで生協組織内にとどまっていた食品安全に対する「組合員の切実なニーズ」を多くの国会議員・地方議員・行政へ伝えることとなり、法改正を求める生協に多くの国民が共感したものとみることができる。

法改正の背景としてＢＳＥ問題の発生があったことも含め、食の安全への国民の不安が、この法改正を後押しした。２００３年全会派一致で「食品安全基本法」が制定され、「食品衛生法」の抜本改正が実現する。２００４年には、「消費者保護基本法」から消費者の権利を法律上明文化した「消費者基本法」に抜本改正され、「消費者団体訴訟制度」が制定された。そして、２００７年全会派一致で「生協法」が59年ぶりに改正され、その施行規則及び財務処理規則には生協の貸付事業も明記された。食品安全に関わる組合員の願いと国民の願いの一致から、消費者主体の社会づくりへの展開であり、ここから全国で地域の生協と消費者団体・専門家等とが連携したネットワークの形成へつながった。消費者主体の社会づくりの成果として、２００９年9月、消費者市民社会の実現を掲げ消費者庁が新設された。

消費者主体の社会への転換をめざしてきた日本生協連と全国の生協は、消費者団体及び日弁連などの専門家との連携により、消費者行政強化を法制度として進展させた。それを消費者庁新設にとどまらずさらに実質化するために県単位の地方消費者行政強化が大きな重点方針となり、９つの適格消費者団体（内閣府認定）と、消費者側の意見を発信する県消費者団体連絡会と、新たに県単位の消費者ネットワーク（消費者団体と弁護士等専門家で構成）等が二十数県で設立された（２０１１年3月現在、日本生協連まとめ）。２００９年、消費者庁設立に前後して、県単位で消費者主体の社会への動きを急速に広めた要因として、生協がその事務局機能を積極的に担った経過がある。生協が地域で消費者市民の願いに組合員の願いを重ねようとした姿勢は、消費者団体、専門家、地方行政から歓迎され信頼を大きく高めることとなった。経済的自立をしている生協が事務局を担うことで、地域の消費者問題の継続的解決を可能にし、消費者組織・他団体・専門家の力を束ね、県単位で問題解決にあたるという、新しいステージへ消費者運動をステップアップさせる推進力となった。

生協の社会的取り組み報告書

食品の安全を守る取り組み、大規模災害対策の取り組み、消費者主体の社会をめざす取り組みなどを通じて、国政にとどまらず「生協の果たす社会的役割」についての認識が広がり、地方自治体と地域社会における生協の社会的役割を全国各地で明らかにしてきている。２００６年より『生協の社会的取り組み報告書』（日本生協連毎年発行）が発行され、国・地方行政へ生協と生協活動への理解を広げるツールとなってきた。単位生協・県連ではこの報告書と独自ＣＳＲ報告書をもとに地方行政を訪問し、報告・説明・懇談する場を持ち、地域社会における生協の役割について理解を広げる努力をしてきた。

『生協の社会的取り組み報告書２０１１』では、生協の事業と活動の到達点、東日本大震災支援活動、主な事業として宅配・店舗・商品・産直・通販・福祉・医療福祉・共済・組合員の声にこたえて・品質保証・社会的責任経営について紹介している。あわせて生協の社会的活動として、消費者主体の社会づくり・食品の安全・食育活動・子育て支援・くらし見直し／家計簿活動・福祉活動・減災／災害復興支援・平和活動・国際／ユニセフ活動・地域との連帯、そして環境に対する取り組みを掲載している。

3. 東日本大震災の復興に取り組むみやぎ生協から学ぶこと

２０１２年3月16日に開催された日本生協連・職員学習会で、「被災地復興の『今』と生協の役割について考えました」と題して、みやぎ生協・齋藤昭子《さいとうあきこ》理事長が講演され、その趣旨が部内報『虹流《こうりゅう》』（２０１２年4月号）に掲載されている。大震災から1年の経過を振り返ると、日本生協連と全国の生協からの応急物資の支援を受け、多くの避難所で最初に届いた物資はみやぎ生協が提供した商品で、最後まで物資を届けたのも生協だった。提供した物資は有償・無償合計で３９７万５４２点（２０１１年6月20日時点）となった。

教訓として、避難の長期化で商品ニーズが徐々に変化すること、と齋藤理事長は報告されている。

講演内容から、みやぎ生協が職員やその家族の死亡・不明、住居・財産の流失・崩壊の大きな被害を受けながらも、「生協の理念」から、人と人とのつながりを大切にし、地域の状況や被災者のニーズをつかみ、弱者に寄り添う努力を続け信頼を広げ、地域に深く根ざした活動を展開していった報告がされている。地震発生直後から寒い日が続き灯油・ガソリンなどの燃料の不足が深刻な問題となったが、火葬場・避難所・自衛隊が優先され、在宅被災者・高齢家庭などが灯油を入手できなかった。みやぎ生協の灯油配達は、国等への働きかけにより3月末に内閣府被災者支援特別対策本部から灯油を確保した結果、被災した沿岸部を含めて届けることができた。また、齋藤理事長は、6月中旬に被災した県内13自治体の市長お見舞い訪問の際の3市長の声として、「今回の復旧は、生協、ボランティア、ユニセフ、国境なき医師団などのNGO支援が本当に大きな力となった。国会議員は大勢視察に来たが、国の対応は遅い」、「自宅の1階が水没し2階で暮らしている。車も流され、生協の宅配だけが頼り」、「生協の店舗がいち早く開店したことが何よりも助かった」などの声を紹介された。大震災という未曾有の事態からの復興に際し、首長として住民として、食料供給ライフラインの復旧を必要とし、その意味で店舗・共同購入の迅速な復旧や支援活動に、生協の果たした役割への感謝と今後への期待を述べたものと読み取ることができる。

被災者・被災地支援活動では、社会福祉協議会、民生委員、医療機関、ＮＧＯなど他団体と連携した取り組みを広げることができたのは日頃からの地域住民・他団体との信頼関係のたまものである。また、ユニセフの支援物資を被災地の児童に届けたのは生協の物流であり、社会的弱者である被災地の子どもや高齢者への支援という点でも、他団体との連携・協力で生協が大きな役割を果たせた。ボランティア活動はコープこうべからの指導も受け「みやぎ生協ボランティアセンター」を４カ所に開設し、被災者のニーズ把握をしたボランティア活動をコーディネートしてきた。そして、買物や食生活で困難を抱える組合員への幅広い支援事業として、全国の先進事例に学んだ夕食宅配、移動店舗を、復興の取り組みと位置付けてはじめたとのお話である。

最後に齋藤理事長は、「東日本大震災の被災者支援と継続的な復興を、生協の理念をあらためて考える機会としていただきたい。被災地を忘れず、被災地に来てください。そして、被災地で生協の店舗や支部の敷地に立って見てください。そうすれば、生協がどんなポジションなのか実感してもらえると思います」と結んでいる。このメッセージは、生協の「理念」実現に向けての社会的役割発揮のこれまでの蓄積を振り返り、将来を考えることで、これからの「被災者支援と継続的復興へ生協の創造的役割発揮が可能である」という提起をいただいたものと受けとめる。生協が地域の中でどのようなポジションなのか、それは「地域社会づくりへの参加」の積み重ねから、地域に住み暮らす人々が評価するのだと思う。被災し、極限状況下で、みやぎ生協が地域の人々と復興に向けた地域社会づくりに取り組まれている実践の中に、今後日本の生協が参加し、つくろうとしている地域社会づくりへ多くの示唆があると思われる。

4. これからの課題

生協の地域社会づくりへの参加は、多様なテーマと課題を持っている。高齢者の見守り、子どもの見守りをはじめ地域の安全を支えるという大きなテーマに向けた宅配事業・店舗事業・共済事業・福祉事業を通じての参加についても、さらに創造的につくることが必要となる。夕食宅配や移動店舗の新規事業への生協からの挑戦には地域からも地方自治体からも期待は大きいが、事業継続の見通しを立てていくことが課題でもある。地域のニーズに目を向けた事業と活動をすすめる上で、今後全国の生協で検討をいただきたい課題として2点挙げる。

①社会福祉協議会との連携

コープこうべは、設立当初より御用聞きなど、組合員ニーズを受けとめ地域に根ざした活動を積極的にすすめ、商品利用にとどまらず、組合員・地域住民から厚い信頼を築いてきた歴史を持つ。２０１１年12月７日関西地連組織委員会主催の公開企画「組合員参加と組織のあり方事例交流会」で講師として兵庫県社協、コープこうべの報告を受けパネルディスカッション企画を開催した。兵庫県社協の報告を紹介する。まず阪神淡路大震災支援に際してのボランティア活動の協働により、１９９９年１月14日コープこうべ、兵庫県社協、神戸市社協の３者で「市民福祉社会への協同憲章」を制定し、憲章の具体的推進を図るために社協・生協協働促進会議を設置し活動してきたことである。３者は理念として「誰もが暮らしやすいまちづくり」を共有し、「民間非営利組織／住民（組合員）参画、民主的運営」によって３者の協働推進の核を形成している。

２００９年１月「社協・生協協働憲章10周年フォーラム」を通して振り返りが行われた。そこで出された職員の感想は「地域社会を共につくるパートナーである」「社協と生協が同じような課題を抱えていることが分かった」「もっと現場レベルでお互いの組織を知りあう必要がある」「社協と生協は『地域住民の抱える課題解決』という共通項で協働できる」「協働して市民向けの分かりやすい福祉情報の発信ができるのではないか」「地域の高齢者の見守り・安否確認を一緒に進められないか」などが寄せられている（ひょうごの福

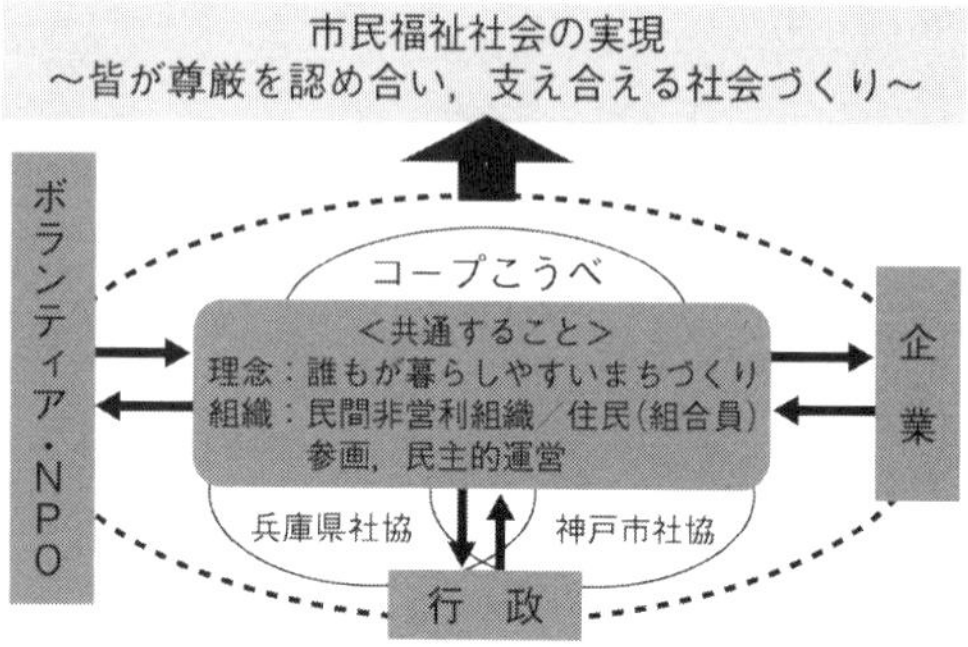

出典：「協働の図」兵庫県社協・馬場地域福祉部長

祉2009 March №697より）。今後、地域社会づくりへ生協が参加する際のパートナーとして地域ごとの社会福祉協議会との連携を模索することが1つの鍵になる。

　生協と社協の協働促進会議では、人と組織の相互理解が大変重要であることを認識している。生協の側からみると「自組織の（コープからみた）強み弱み、他組織（社協）からの見られ方」を3者で出し合い交流するなど、本音の相互理解を促進させている。この協働促進会議委員である松原一郎《まつばらいちろう》関西大学社会学部教授は、この10年間の3者の姿勢は、ミクロ、メゾ（中間）、マクロの3つの異なる側面からのメリットをもつものであると、期待を持ってコメントしているが、地域社会づくりへの生協の参加を考える上で示唆的なのでここに紹介する。ミクロの側面として、構成メンバーの立場より、同じ地域で活動し、似たような志を持つ人たちが同じテーブルにつき、相互理解を深めつつ、共有できる目標に向けて一緒に歩みをすすめる楽しさがある。メゾの側面として、協働を自らのビジネス戦略に位置付け、協働事業の導入によりミッション達成の相乗効果の増大も可能である。マクロの側面として、新たな公の中核として、社会に向かって発信・行動し社会貢献する。公益を長く担ってきた3団体が自らの枠にとどまらず、ＮＰＯなども含めた新しい市民活動をも先導するしなやかな連帯をつくって欲しい、というものである。

②多重債務／生活困窮・生活相談

生協総研は日本生協連からの受託共同研究として、「生協における多重債務相談・貸付事業」研究会を開催し、重川純子《しげかわじゅんこ》座長（埼玉大学教授）のリードのもとに、２０１０年10月より11回の研究会を開催し、「研究会報告書」を２０１１年11月日本生協連に答申した。この報告書の結論は「生協として多重債務／生活困窮相談・貸付事業に取り組むことを積極的に検討すべきである」というものである。一つは２００７年改正生協法に貸付事業が生協の事業として明記され、かつ生協は年収の３分の１以上の貸付を禁止する総量規制の適用除外となったことである。生協の貸付対象となるのは、総量規制の適用を受ける民間金融機関からも、生活福祉資金貸付制度（社会福祉協議会）からの融資も受けられないが、返済が見込める人であり、現在約５００万人いると試算されている。もう一つは、研究報告で民間の貸金業者と生協の本質的な違いは「相談と一体となった貸付」が可能であり、融資を受けた人と生活再生に向けて伴走できること、とある。生協は「セーフティネット貸付」事業を行う法的要件はあるが、多くの生協でこの問題について調査研究が進んでいないのが今のところの到達点である。セーフティネット貸付とは、地域に根ざした顔の見える貸付である。事業主体を各地域の生協・NPOなどの非営利機関とし、既存セーフティネット貸付をしている県社会福祉協議会や弁護士などの専門家とも連携して進めるものである。今後、生協に求められるものは大きくなってくる。43年の歴史をもつ消費者信用生協は、その理念を「社会的弱者の金融的排除を克服するために生協制度による貸付事業を開始した」としている。セーフティネット事業を先行実施している3生協（消費者信用生協、一般社団法人生協サポート基金・生活クラブ生協、グリーンコープ事業連合）の実践は、生協らしく寄り添いつつも相談者の主体性を損なわない関係を築き、専門家や行政とのネットワークを構築している。生協だからできる地域社会づくりへの参加のあり方として、融資が困難になっている地域住民・組合員の生活の立て直しにつながる貸付を行うことは今後の大きなテーマであり、生協の理念にかなうものである。研究会報告では、国民の格差・貧困問題が一層深刻化している現状から、多重債務や生活困窮は組合員を含め「身近な問題で、誰にでも起こりうること」であるとしている。多くの生協が、地域社会づくりへ参加する課題として、生活相談／貸付事業についての調査研究に着手されることが期待される（『生活協同組合研究』2012.3 Vol.434 特集「多重債務相談・貸付事業研究会を終えて」、及び生協総研２０１１年度第６回公開研究会より）。

5. おわりに

地域社会づくりへの参加は、どのテーマ・課題をとってみても総合的で大変な重みと深さがある。組合員のくらしからのニーズを的確にとらえつつ「２０２０年ビジョン」で論議した全国の生協の共通の「ありたい姿」に向かって、調査研究、モデル化、交流、本格展開とすすめていきたい。これには時間を要するが、理念を実現する志をもって一歩一歩の努力を結実させることが課題だと思う。そして、世帯加入率が50％を超えるということの意味を、地域社会づくりの視点から改めて検討していく必要がある。以下は厚生労働省主催の都道府県の生協管轄部署の会議資料だが、地域で各生協のさまざまな取り組みの評価をし、期待を明らかにしている点で今後の地域づくりへの一助になればと考え、最後に紹介して結びとする。

「生協が一定の地域（又は職場）での人と人とのつながりによる組織であることから、少子高齢化、地域コミュニティや家族の在り方の変化に伴い益々地域社会への貢献が求められている。具体的には、地域において生協が自治体との協働を積極的に行い、従来の宅配事業の充実、地域においての見守り・買い物支援など団体と連携し、積極的に行うことが期待される。また、こうした先進的取り組みは生協間の連帯により共有され、東日本大震災の被災地における『移動販売』『買い物バス』等の実施に有効に活用されている。」

「各都道府県におかれても、生協の社会的役割をふまえ、所轄生協が可能な限り高齢者を見守り・買い物支援等に積極的に取り組むことができるよう、地域におけるニーズの把握、所轄生協との意見交換の実施、セーフティネット支援対策事業費補助金『社会的包摂・「絆」再生事業』の活用等による財政支援を行うなど、必要な指導・支援をお願いしたい。」

「また、国際協同組合年について、本年は国連宣言により、協同組合の社会的認知度を高め、その発展を促進することなどを目的とした『国際協同組合年』とされている。日本においても、生協を含む各種協同組合や有識者による『実行委員会』が組織され、都道府県単位でも、29道府県で実行委員会等を立ち上げている。生協を所管する厚生労働省としても、全国的な各種イベントにかかる後援等を行っていく。各都道府県の生協所管部局におかれても、国際協同組合年の趣旨を踏まえ、関係部署と連携し、積極的な支援を行っていただきたい」(２０１２年３月１日厚生労働省社会・援護局関係課長会議資料から抜粋)。

【参考文献】

「現代日本生協運動小史　改定新版」斎藤嘉璋（コープ出版、２００７年）
「21世紀の新協同組合原則」栗本昭（コープ出版、２００６年）
「誰もが案視して暮らせる地域づくり～新たな一歩をふみだすために～」（「地域福祉研究会報告書　普及版」、日本生協連、２０１０年９月）
「あったか地域づくり交流会～つなげる安心、ひろがる協同　報告書」（日本生協連主催、２０１１年11月12日）
「日本の生協の２０２０年ビジョン」（日本生協連、２０１１年８月）
「虹流」（日本生協連内部報、２０１２年４月）
「生協における多重債務相談・貸付事業研究会　研究会報告書」公益財団法人　生協総合研究所（２０１１年９月30日）
「多重債務相談・貸付事業研究をお終えて」（「生活協同組合研究 Vol.434 特集」公益財団法人　生協総合研究所、２０１２年３月５日）

現代社会と生協
国際協同組合年記念

[発行日] 2012年9月1日　初版1刷
[検印廃止]
[編　者] 公益財団法人　生協総合研究所
[発行者] 芳賀唯史
[発行元] 日本生活協同組合連合会出版部
〒150-8913　東京都渋谷区渋谷3-29-8　コーププラザ
TEL 03-5778-8183
[発売元] コープ出版㈱
〒150-8913　東京都渋谷区渋谷3-29-8　コーププラザ
TEL 03-5778-8050
www.coop-book.jp
[制　作] OVERALL
[印　刷] 日経印刷㈱
Printed in Japan

ISBN978-4-87332-311-4